高职高专经济管理类规划教材

U0689371

新编会计学基础

Newly Compiled Accounting Fundamentals

宋彩群 主 编
邵春玲 蒋祝仙 李 虹 副主编

ZHEJIANG UNIVERSITY PRESS
浙江大学出版社

FOREWORD 前言

  《会计学基础》是会计类和经济管理类专业的基础课程,是一门技术性、应用性很强的学科。在经济全球化背景下,为充分体现教材建设必须适应社会经济发展、满足培养人才需要,本书编写组打破传统教材内容体系,编写了此书。

  本书是基于会计工作过程、以会计工作项目为载体、以任务驱动模式设计学习内容的。

  具体思路:确定学生行动领域→行动领域向学习领域转换→工作任务分析→学习情景设计→培养核心能力。

  本书是一本较为完整的、基于会计工作过程、以培养会计职业能力为主线而编写的示范性教材。具有以下特点:

  1. 新颖性。基于会计工作过程开发设计教材。本书以会计工作过程来设计项目,为完成项目设计相应任务,以任务驱动模式来安排会计基本知识、基本原理、基本方法。会计工作主线明确,并充分体现"学中做,做中学"。

  2. 易学性。以真实的会计工作情境为平台。本书中的经济业务例子是以一仿真企业会计资料为依托,真实再现填制和审核会计凭证、登记账簿、编制财务报告全过程。读者感知会计工作过程,有利于培养读者实际动手能力。

  3. 实用性。以培养会计职业能力为主线安排学习内容。本书不仅阐述了会计核算方法,也阐述了会计机构和会计人员相关知识、会计行为规范、会计档案保管等,内容全面。课后项目训练根据会计从业资格考试大纲要求安排,保证读者学完后能够直接参加会计从业资格考试。

  本书由宋彩群编写项目一、二;邵春玲编写项目三中的任务二;蒋祝仙编写项目三中的任务一;李虹编写项目四;胡源珍负责本书校对。

  本书在编写过程中,参阅了大量文献资料,书目已列于书后,在此向各位作者表示衷心感谢!

  由于时间仓促,水平有限,书中难免有不足之处,敬请读者批评指正。

编者

2010 年 6 月

目 录

Contents

项目一

认知会计工作 ≫ ≫ ≫   ≫

知识目标

1. 了解会计工作组织；
2. 掌握会计对象和职能；
3. 理解会计工作程序及载体；
4. 掌握会计核算方法；
5. 明确会计行业现状。

能力目标

1. 能根据单位规模、性质及管理要求设置会计机构、配备会计人员；
2. 能明确会计从业资格、会计职责和权限、会计职业道德；
3. 能根据会计法规结合企业管理要求，制定会计内部控制制度；
4. 能明确会计工作程序及载体；
5. 能明确会计工作内容及方法；
6. 会规范管理会计档案。

重点

会计对象；会计职能；会计工作程序及载体；会计核算方法。

难点

会计对象；会计职能；会计核算方法。

项目引言

各位同学、亲爱的朋友，不管你是出于什么原因来学习《会计学基础》这门课程，都请先认知一下会计工作的相关知识。因为《会计学基础》课程介绍的是会计的基本原理、基本方法和基本技能，而任何一种方法和技能的运用都离不开环境的支持、内容的支撑、行为规范的制约。因此，当你学习会计工作组织、会计内容和职能、会计方法等内容之后，你就会对会计有一个比较概括、总体的认识，为后续学习打下基础。

任务一　了解会计工作组织

任务描述

1. 了解会计工作组织内容;
2. 根据单位规模、性质及管理要求设置会计机构、配备会计人员;
3. 明确会计从业资格、会计职责和权限、会计职业道德;
4. 根据会计法规结合企业管理要求,制定会计内部控制制度。

学习内容

会计工作组织包括设置会计机构、配备会计人员、制定和执行会计行为规范、妥善保管会计档案等内容。

学习内容一:会计机构

一、会计机构设置原则

会计机构是指从事和组织领导会计工作的职能部门。会计机构设置必须遵循以下原则:

(一) 适应性

会计机构设置应当与企业经营规模、组织结构、管理模式相适应。

(二) 配合性

会计机构设置应当与本单位内部其他管理机构相互协调、相互配合。

(三) 效率性

会计机构设置要以充分发挥会计机构的职能与作用为出发点,以提高会计管理效率为宗旨。

(四)效益性

会计机构设置要精简高效。

二、会计机构的设置

《会计法》规定:各单位应当根据会计业务的需要设置会计机构,或者在有关机构中设置会计人员并指定会计主管人员;不具备设置条件的,应当委托经批准设立从事会计代理记账业务的中介机构代理记账。

(一)独立设置会计机构

经济业务繁多、财务收支数额大的大中型企业和具有一定规模的行政事业单位及其他经济组织,都应当独立设置会计机构。比较大的单位设置财务处(或财务部),下面设置一些科室,如综合科、会计核算科、资金科、成本科、预算科等。比较小的单位设置财务科。

(二)在有关机构中设置会计人员并指定会计主管人员

经济业务比较简单、财务收支数额不大、规模比较小的企业、事业单位、机关团体和个体工商户等,可以在单位内部有关机构中,如计划、统计、办公室等部门,配备会计人员,并指定会计主管人员。

(三)实行代理记账

对不具备设置会计机构、配备会计人员的小型经济组织,可以委托经批准设立的、从事会计咨询、服务的社会中介机构,如会计师事务所,实行代理记账。

【学中做 1-1-1】　你认为任何单位都要设置会计机构吗? 为什么?

学习内容二:会计人员

一、会计人员从业资格

(一)具备会计从业资格证

《会计法》第三十八条规定,国家机关、社会团体、企业、公司、事业单位和其他组织从事会计工作的人员,必须取得会计从业资格证书。会计从业资格证书是证明能够从事会计工作的唯一合法凭证,一经取得,全国范围内有效。

(二)具备必备专业知识和专业技能,熟悉会计法律、法规、规章制度,遵守职业道德

二、会计人员的职责和权限

(一)会计人员的职责

我国《会计法》将会计人员职责规定为进行会计核算和实行会计监督两个方面。根据《会计人员职权条例》规定,会计人员具有以下职责:

1.会计人员应按照国家财务制度规定,认真编制并严格执行财务计划、预算,遵守各项收支制度、费用开支范围和开支标准,合理使用资金,正确计算各项税金并保证及时入库。

2.按《企业财务通则》、《企业会计准则》规定,认真进行会计核算,即记账、算账、报账,做到手续完备、内容真实、数字准确、账目清楚、日清月结、按期报账。

3.按照银行结算制度规定,合理使用贷款,加强现金管理,做好贷款的结算工作。

4.按照经济管理要求,定期检查、分析财务计划、各项预算的执行情况,挖掘增收节支的潜力,考核企业资金使用的效果,及时发现经营管理中存在的问题,并向单位领导提出合理建议。

5.按照《会计法》要求,妥善保管会计凭证、会计账簿及会计报表等会计档案资料。

6.遵守、维护国家财经制度及财经纪律,同一切违法乱纪行为作斗争。

(二)会计人员的权限

根据《会计人员职权条例》规定,会计人员具有以下权限:

1.有权要求本单位有关部门和人员认真执行国家批准的计划、预算,遵守国家财经纪律和财务制度。如有违反规定,会计人员有权拒绝付款、报销或执行,并应当积极向本单位领导或上级机关、财政审计部门报告。

2.有权参与制订本单位计划、定额,签订经济合同,有权参加有关生产和经营管理的会议。

3.有权监督、检查本单位有关部门的收支、资金使用和财产保管、收发、计量、检验等情况。

三、会计人员职业道德

会计人员职业道德是会计人员从事会计工作应当遵循的道德标准。会计人员职业道德主要包括以下几个方面:

(一)敬业爱岗

会计人员应当热爱本职工作,努力钻研业务,使自己的知识和技能能够适应所从事会计工作的要求。

(二)熟悉法规

会计人员应当熟悉财经法律、法规和国家统一会计制度,并结合会计工作进行广泛宣传。

(三)依法办事

会计人员应当按照会计法律、法规、规章制度的程序和要求进行会计工作,保证所提供的会计信息合法、真实、准确、及时、完整。

(四)客观公正

会计人员办理会计事务应当实事求是、客观公正。

(五)做好服务

会计人员应当熟悉本单位的生产经营和业务管理情况,运用掌握的会计信息和会计方法,为改善单位内部管理、提高经济效益服务。

(六)保守秘密

会计人员应当保守本单位的商业秘密,除法律规定和单位领导同意外,不能私自向外界提供或泄露单位的会计信息。

四、会计人员的专业技术职务

会计人员根据学历、从事会计工作年限、业务水平和工作业绩,通过专业技术职务资格考试,可以评定专业技术职务。会计人员的专业技术职务可分为会计员、助理会计师、会计师和高级会计师。会计员、助理会计师为初级,会计师为中级,高级会计师为高级。

(一)会计员

会计员基本条件是初步掌握财务会计知识和技能,熟悉并能够执行有关会计法规和财务会计制度,能担负起一个单位的财务会计工作。

(二)助理会计师

助理会计师基本条件是掌握一般的财务会计基础理论和专业知识,熟悉并正确执行有关的财经方针、政策和财务会计法规、制度,能担负一个方面或某个重要岗位的财务会计工作。

(三)会计师

会计师基本条件是系统掌握财务会计基础理论和专业知识,掌握并能正确贯彻执行有关的财经方针、政策和财务法规、制度,具有一定的财务工作经验,能担负一个单位或管理一个地区、一个部门、一个系统某个方面的财务会计工作。

(四)高级会计师

高级会计师基本条件是系统掌握经济、财务会计理论和专业知识,具有较高的政策水平和丰富的财务工作经验,能担负一个地区、一个部门或一个系统的财务会计管理工作。

【学中做 1-1-2】 要成为一名会计人员,必须具备什么条件?你准备为将来取得何种专业技术职务而努力?

学习内容三：会计行为规范

会计行为规范是指规范、协调、统一会计行为的法律、制度和规章。它是会计行为的标准,对会计行为具有约束力。我国会计行为规范包括会计法、会计行政规章、会计准则和会计制度四个层次。

一、会计法

会计法是从事会计工作的根本大法,是各单位会计行为的最高准则,它统驭会计行政规章、会计准则和会计制度。1985 年,第六届全国人大常委会第九次会议通过了新中国第一部《会计法》,自 1985 年 5 月 1 日起实施。1993 年 12 月 29 日第一次修订《会计法》,1999年,第二次修订《会计法》,于 2000 年 7 月 1 日施行。

二、会计行政规章

会计行政规章是国务院根据会计法颁布的关于会计管理的法规性文件。

三、会计准则

会计准则是进行会计工作的规范,是处理会计事务的准绳。它是根据会计法和会计行政规章制度制定的,包括基本准则和具体准则两部分,基本准则对具体准则起指导作用。

四、会计制度

根据会计准则的基本准则和具体准则,制定会计制度,这是对会计具体工作所作的规定。

学习内容四：会计档案

一、会计档案的内容

会计档案是记录和反映单位经济业务的重要史料和证据,主要包括会计凭证、会计账簿、财务会计报告及其他会计资料。实行会计电算化的单位,有关的电子数据和相应软件也属于会计档案。

其他会计资料包括银行存款余额调节表、银行对账单、会计档案移交清册、会计档案保管清册、会计档案销毁清册。

二、会计档案的归档

各单位每年形成的会计档案,应当由会计机构按归档要求,负责整理立卷,装订成册,编制会计档案保管清册。当年形成的会计档案,在会计年度终了,可暂由本单位会计机构保管一年。期满之后,应当由会计机构编制移交清册,移交本单位的档案机构统一保管;未设档案机构的,应当在会计机构内部指定专人保管。出纳人员不得兼管会计档案。移交本单位档案机构保管的会计档案,原则上应当保持原卷册的封装。个别需要拆封重新整理的,档案机构应当会同会计机构和经办人员共同拆封整理,以明确责任。

实行会计电算化的单位,应当保存打印出的纸质会计档案。具备采用磁带、磁盘、光盘、微缩胶片等磁性介质保存会计档案条件的,由国务院业务主管部门统一规定,并报财政部、国家档案局备案。

三、会计档案的保管期限

会计档案的保管期限分为定期和永久两类。定期保管期限分为 3 年、5 年、10 年、15 年、25 年 5 类。会计档案的保管期限从会计年度终了后的第一天算起。各类会计档案具体保管期限如表 1-1 所示。

表 1-1　企业和其他组织会计档案保管期限

序号	档案名称	保管期限	备注
一	会计凭证		
1	原始凭证	15 年	
2	记账凭证	15 年	
3	汇总凭证	15 年	
二	会计账簿		
1	总账	15 年	包括日记总账
2	明细账	15 年	
3	日记账	15 年	现金和银行存款日记账保管 25 年
4	固定资产卡片		固定资产报废清理后保管 5 年
5	辅助账簿	15 年	
三	财务会计报告类		包括各级主管部门汇总财务报告
1	月、季度财务会计报告	3 年	包括文字分析
2	年度财务会计报告	永久	包括方案分析
四	其他类		
1	会计移交清册	15 年	
2	会计档案保管清册	永久	
3	会计档案销毁清册	永久	
4	银行存款余额调节表	5 年	
5	银行对账单	5 年	

四、会计档案的查阅和复制

各单位保存的会计档案不得借出。如有特殊需要,经本单位负责人批准,可以提供查阅或复制,并办理登记手续。严禁查阅或复制会计档案的人员在会计档案上涂画、拆封和抽换。

五、会计档案的销毁

会计档案保管期限已满需要销毁的,由本单位档案机构提出销毁意见,编制会计档案销毁清册。单位负责人应当在会计档案销毁清册上签署意见。销毁会计档案时,应当由本单位档案机构和会计机构共同派人员监销。在销毁会计档案前,监销人应当按照会计档案销毁清册所列内容清点核对拟销毁的会计档案;在销毁会计档案后,应当在销毁清册上签名盖章,并将监销情况报告本单位负责人。

任务二 了解会计工作内容

任务描述

1.了解会计对象;

2.了解会计职能;

3.明确会计含义。

学习内容

会计工作内容是指会计人员在单位所从事的工作、所管理的事务以及所发挥的客观功能。

学习内容一:会计对象

一、会计对象的概念

任何单位和组织,为了实现其目标,都要开展相应的活动,而任何活动都离不开一定量的财产物资和货币,这些财产物资的货币表现和货币本身,就是资金。资金是稀缺资源,需要单位或组织的会计人员对资金运动过程及其结果进行管理,以提高资金利用效率和效果。因此,会计对象就是社会再生产过程中,可以用货币表现的经济活动,即资金运动。

二、不同性质组织的会计对象

(一)工业企业会计对象

工业企业主要生产经营过程可以分为供应、生产和销售三个阶段。供应阶段就是材料采购和储备,资金运动表现为货币资金转化为储备资金。生产阶段就是通过消耗材料和支付人工工资以及其他经营管理费用,使储备资金的一部分或全部转化为生产资金;随着产品加工的完成并验收入库,生产资金又转化为成品资金。销售阶段就是销售产品、收回货款,使成品资金向货币资金转化。这样就完成了一个资金运动循环。所以,会计对象就是这种不断变化、循环往复的资金运动。工业企业资金运动过程,如图1-1所示。

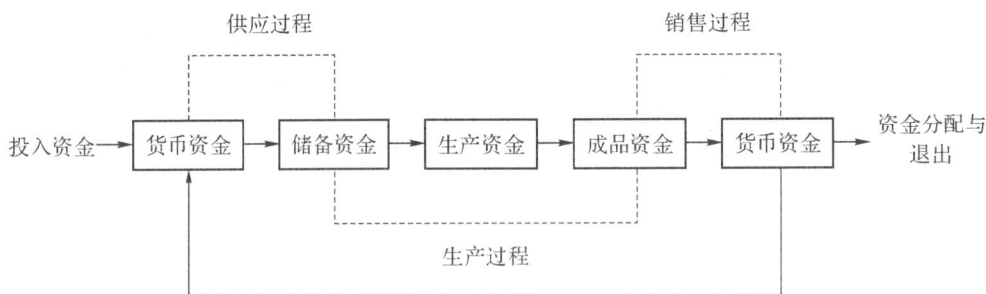

图1-1　工业企业资金循环周转图

(二)商品流通企业会计对象

商品流通企业主要经营过程分为采购、销售两个阶段。在采购阶段,通过采购活动,使货币资金转化为商品资金。在销售阶段,通过销售活动,商品资金又转化为货币资金,如此不断循环周转。

(三)行政、事业单位会计对象

行政、事业单位包括国家行政机关、文化教育机构、医疗卫生机构等。行政、事业单位的资金包括国家行政拨款和自身业务收入。国家行政拨入的款项为预算收入,单位的业务收入为预算外收入。行政、事业单位的经济活动一方面通过预算(外)收入取得资金,另一方面也要以货币资金支付各项费用。收支活动就是行政、事业单位的会计对象。

温馨提示:本教材是以工业企业资金运动核算为例来编写的。

学习内容二:会计职能

会计职能是指会计在经济管理工作中所固有的功能,包括核算和监督两个基本职能。随着经济不断发展,会计职能还包括预测、决策、控制和分析等。

一、会计核算职能

会计核算职能又称为反映职能,是指会计以货币为主要计量单位,通过确认、计量、记录、报告等环节,对单位已经发生或完成的经济活动进行记账、算账和报账,为各有关方面进行决策提供会计信息。会计核算贯穿经济活动的全过程。

二、会计监督职能

会计监督职能又称为控制职能,是指会计人员在进行会计核算的同时,对特定主体经济活动的真实性、合法性和合理性进行审查的功能。

真实性审查是指以实际发生的交易或事项为依据,要求内容真实、数字准确、资料可靠;合法性审查的依据是国家有关法律法规,目的是为了保证各项经济业务符合法律法规,杜绝违法乱纪行为;合理性审查是指检查各项财务收支是否符合单位内部有关规定,有无超支或浪费行为,为增收节支、提高经济效益严格把关。

会计核算和会计监督相辅相成,关系密切。会计核算是会计监督的基础,离开了核算,监督就失去了依据;同样,会计监督是会计核算质量的保证,只有在监督下进行核算,才能保证会计核算资料真实可靠。因此,会计对单位的经济活动既要核算,又要监督,这样才能真正发挥会计在经济管理中的应有作用。

【学中做 1-2-1】 会计核算和会计监督之间关系如何?

学习内容三:会计的含义

根据会计对象和基本职能,会计含义可以表述为:会计是以货币为主要计量单位,采用一系列专门方法,对经济活动进行连续、系统、全面和综合的核算和监督,并向有关方面提供会计信息的经济管理活动。

任务三　了解会计工作方法

任务描述

1.理解会计工作方法;

2.掌握会计核算方法体系。

学习内容

学习内容一:会计方法

会计方法是用来核算和监督会计对象,完成会计任务,实现会计目标的手段。会计方法包括会计核算方法、会计分析方法和会计检查方法。其中,会计核算方法是会计方法的重要组成部分,会计分析方法和会计检查方法都是在会计核算的基础上,利用会计资料进行的。

学习内容二:会计核算方法

会计核算方法是对各单位已经发生的经济活动进行连续、系统、完整和综合的核算和监督所采用的方法。会计核算方法包括设置会计科目与账户、填制和审核会计凭证、复式记账、登记账簿、成本计算、财产清查、编制财务会计报告七种方法。

一、设置会计科目与账户

设置会计科目与账户是对会计对象的具体内容进行分类核算和监督的一种方法。会计对象的内容复杂多样,为了对它们进行系统的核算和监督,就必须对其按经济内容和经济管理要求进行科学分类,每一类给予一个标准名称,即会计科目,并以会计科目为名称,在会计账簿中开设账户。

二、填制和审核会计凭证

会计凭证包括原始凭证和记账凭证,是记录经济业务、明确经济责任的书面证明,也是登记账簿的依据。任何一项经济业务的发生或完成,都要填制或取得相应的原始凭证,并由经办人员签名盖章。所有的原始凭证都要经过会计人员的审核,根据审核无误的原始凭证编制记账凭证,对记账凭证进行审核后,方可作为登记账簿的依据。

三、复式记账

复式记账是一种记账方法,是指对每一项经济业务都以相等的金额同时在两个或两个以上相互联系的账户中进行登记。例如,用现金发放工资 50 000 元,50 000 元既要登记"库存现金"账户的减少方,又要登记"应付职工薪酬"账户的减少方。复式记账的优点是能够反映每项经济业务引起资金运动的来龙去脉。

四、登记账簿

账簿是由一定格式的账页组成,用来连续、系统、完整地记录经济业务的簿籍,是保存会计资料的重要工具,也是编制财务会计报告的依据。

五、成本计算

成本计算是按照一定的对象归集和分配发生的各种费用支出,确定各核算对象的总成本和单位成本的一种方法。例如,工业企业生产阶段,生产 A 产品 100 件,材料费 5 000 元,人工费 2 000 元,制造费用 1 000 元,则 100 件产品的生产总成本为 8 000 元,单位成本为 80 元。除此之外,工业企业还要计算材料采购成本、产品销售成本,购置固定资产要计算固定资产成本。商品流通企业要计算商品采购成本和销售成本。因此,企业必须根据自身生产经营特点和管理要求,选择合理的成本计算方法,准确地计算成本。通过成本计算,比较分析实际成本与目标成本的差异,对促进企业采取措施、提高经济效益具有非常重要的意义。

六、财产清查

财产清查是单位定期或不定期地通过盘点实物、核对账目,查明各项物产财资和资金的实有数额,以保证账簿记录真实可靠的一种专门方法。如果发现财产物资和资金的实有数额与账面结余数不一致,应查明账实不符的具体原因,明确经济责任,并做出相应的账务处理。

财产清查有利于企业摸清家底,核实资产,堵塞管理漏洞,提高管理水平。

七、编制财务会计报告

编制财务会计报告是指单位对外提供的反映单位某一特定日期财务状况和某一时期经营成果、现金流量等会计信息的文件,包括会计报表及其附注、其他应当在财务报告中披露的相关信息和资料。财务会计报告使用者包括投资者、债权人、政府部门和社会公众等。向财务会计报告使用者提供与单位的财务状况、经营成果和现金流量等有关的会计信息,有助于财务会计报告使用者作出经济决策。

上述七种方法相互联系,密切配合,构成一个完整的会计核算方法体系。初始会计工作时,首先要设置会计科目与账户;对日常发生的经济业务要按规定填制和审核会计凭证;根据审核无误的会计凭证,采用复式记账的方法登记账簿;对于生产经营过程中发生的各项费用进行成本核算;对于账簿记录,要通过财产清查加以核实;在账实相符的基础上,根据账簿记录,编制财务会计报告。

温馨提示:《会计学基础》课程主要介绍上述七种方法。

任务四 了解会计工作程序

任务描述

1.了解会计工作程序;

2.明确会计凭证、会计账簿、会计报表在会计工作中的作用。

学习内容

学习内容一:会计载体

履行会计核算和监督职能,完成会计任务,必须有相应的载体支持。会计载体包括记账、算账、报账和监督的载体,主要有:会计凭证(原始凭证和记账凭证)、会计账簿、会计报表等。关于会计凭证、会计账簿、会计报表的具体内容,在项目三和项目四作详细介绍。

学习内容二:会计日常工作程序

设置会计科目与账户以后,会计日常工作程序包括:

一、填制和审核原始凭证

二、根据审核无误的原始凭证编制记账凭证

三、根据记账凭证登记账簿

四、月末结账、对账,做到账证相符、账账相符、账实相符

五、根据账簿记录编制财务会计报告

六、纳税申报

七、装订会计凭证

八、进行财务分析,提供管理者决策所需依据

就会计工作过程看,会计主要工作为:填制和审核会计凭证→登记账簿→编制财务会计报告。

【学中做 1-4-1】 每一个会计期间会计主要工作是什么?

任务五　了解会计现状

任务描述

1. 了解会计行业现状;

2. 了解会计电算化现状;

3. 制订学习《会计学基础》课程的计划。

学习内容

对现代会计这一职业,有人作出这样的解释:"会计是那种趴在计算机桌前把别人扒拉来的钱和别人花出去的钱都得给东家记录清楚的工作。这份工作每逢法定节日,必定加班,是令人敬佩的一种职业。"随着市场经济的发展和计算机技术的广泛应用,会计已经从原始的记账转向管理,并且已经成为一个不可或缺的行业。

学习内容一：会计行业现状

经历 30 年改革开放，我国经济得到快速发展，会计人员需求量与日俱增，会计专业受到了社会的追捧，也曾一度造成会计行业就业竞争激烈。但随着社会经济的不断发展，会计人员的需求量仍然会不断增加。目前，国内会计行业按工作性质可分为三种：第一种是"做会计的"，即从事会计核算、会计信息披露的狭义上的会计人员，全国大约有 1200 万人；第二种是"查会计的"，包括注册会计师和政府、企事业单位审计部门的审计人员、资产清算评估人员，全国目前大约有 8 万名注册会计师以及为数不少的单位内部审计人员；第三种是"管会计的"，也就是总会计师或"CFO"，全国大约有 3 万人。在经济全球化背景下，精通会计政策、通晓国际惯例、掌握现代企业管理知识和发展战略的高级会计人才更是供不应求。

学习内容二：会计电算化现状

我国的会计电算化工作从 20 世纪 70 年代末期开始，至今已 30 多年，基本上经历了两个发展阶段，即 70 年代末至 80 年代末的"缓慢的自发发展阶段"和 80 年代末至今的"有组织的稳步发展阶段"。会计电算化就是以计算机代替手工方式对会计业务进行处理，对企业的经营活动情况进行反映和监督。这是会计工作的一项重大改革。

目前我国已初步形成了会计软件产业，但开展会计电算化工作的单位在地区、部门行业之间发展很不平衡，有的地区和部门已达 60% 以上，可有的才刚刚开始。在已开展会计电算化的单位中，大部分单位开发和应用的是部分会计核算子系统，其中尤以工资、账务、报表子系统为主，单机应用为主，只有很少的单位全部会计核算工作实现电算化并彻底甩掉手工记账。会计电算化只是实现了"反映"的职能，对生产过程的"监督和控制"职能没有实现。

随着经济的不断发展，我国的会计电算化工作将从核算系统向管理信息系统发展，要求会计人员不仅要掌握扎实的会计知识和技能，还应对计算机和财务管理知识有比较深刻的理解。因此，"会计＋计算机＋管理"的复合型人才将是会计人员的培养方向。

【学中做 1-5-1】 你认为会计前景如何？你应该怎样来学习这门课程？

▷【项目训练】

一、职业能力判断与选择

（一）判断题

1. 各单位应根据会计业务的需要设置会计机构、配备会计人员。 （ ）

2. 会计人员岗位只能一人一岗，不可以一人多岗。 （ ）

3. 出纳人员不得兼管会计档案。 （ ）

4. 财务部门或经办人，必须在会计年度终了后的第一天，将应归档的会计档案全部移交档案部门，保证会计档案齐全完整。 （ ）

5. 按照《会计档案管理办法》规定，会计档案立卷后，可暂由本单位财会部门保管一年，于次年 12 月底前移交给本单位的档案部门集中保管。 （ ）

6. 各种账簿的保管期限均为 25 年。   （   ）

7. 本单位档案机构为方便保管会计档案,可以根据需要自行对档案进行拆封,重新整理。   （   ）

8. 《会计档案管理办法》规定的会计档案保管期限为最低保管期限。   （   ）

9. 各单位保存的会计档案不得借出,特殊情况下经单位负责人批准,办理有关手续,可以调阅或复制。   （   ）

10. 银行存款余额调节表、对账单是会计档案,但不是原始凭证。   （   ）

（二）单项选择题

1. 原始凭证和记账凭证的保管期限为（   ）。

    A. 15 年   B. 25 年   C. 3 年   D. 10 年

2. 其他单位如果因特殊原因需要使用原始凭证时,经本单位负责人批准,（   ）。

    A. 可以借出   B. 只可以查阅不能复制

    C. 不可以查阅或复制   D. 可以查阅或复制

3. 会计机构中保管会计档案的人员,不得由（   ）兼任。

    A. 会计人员   B. 会计机构负责人   C. 出纳人员   D. 会计主管人员

4. 下列会计档案中,不需要永久保存的是（   ）。

    A. 会计档案保管清册   B. 会计移交清册

    C. 会计档案销毁清册   D. 年度财务报告

5. 固定资产卡片的保管期限为（   ）。

    A. 固定资产报废清理时   B. 固定资产报废清理后保管 10 年

    C. 固定资产报废清理后保管 5 年   D. 固定资产报废清理后保管 3 年

6. 其他会计核算资料是指与会计核算、会计监督密切相关,由会计部门负责办理的有关数据资料。不包括（   ）。

    A. 银行对账单   B. 存贮在磁性介质上的会计数据

    C. 财务数据统计资料   D. 生产计划书

7. 国家机关销毁会计档案,应由（   ）派员参加监销。

    A. 单位档案机构和会计机构   B. 同级财政、审计部门

    C. 同级审计部门   D. 同级财政部门

8. 银行存款余额调节表、银行对账单应当保存（   ）。

    A. 3 年   B. 永久   C. 5 年   D. 15 年

9. 会计档案保管期限的始算日期,应从（   ）起。

    A. 本会计年度   B. 会计年度终了的当天

    C. 会计年度终了后的第一天   D. 会计档案归案的当天

10. （   ）是由我国人民代表大会制定,是我国会计工作的基本法律与母法。

    A. 《会计法》   B. 《宪法》

    C. 《企业会计制度》   D. 《企业会计准则》

（三）多项选择题

1. 会计机构设置,必须遵循的原则是（   ）。

    A. 适应性   B. 配合性   C. 效率性   D. 效益性

2.会计人员的专业技术职务分为( )。

    A.高级会计师   B.会计师   C.助理会计师   D.会计员

3.会计档案的定期保管期限分为( )。

    A.5年   B.10年   C.20年   D.25年

4.保管期满,不得销毁的会计档案有( )。

    A.未结清的债权债务原始凭证

    B.正在建设期间的建设单位的有关会计档案

    C.超过保管期限但尚未报废的固定资产购买凭证

    D.银行存款余额调节表

5.会计档案销毁清册中应列明所销毁会计档案的( )内容。

    A.起止年度和档案编号   B.应保管期限

    C.已保管期限   D.销毁时间

二、单项任务实训

    请你谈谈会计工作概况。

项目二

初始会计工作　≫　≫　≫　　≫

知识目标

1. 理解企业初始会计工作的具体内容；
2. 掌握企业设置会计科目原则与方法；
3. 理解会计对象、会计要素与会计科目三者之间关系；
4. 理解会计科目与账户之间关系；
5. 熟悉账户基本结构；
6. 理解复式记账原理，掌握借贷记账法下各类账户结构。

能力目标

1. 能根据不同性质、不同业务的单位设置相应会计科目；
2. 能根据会计科目设置总分类账户和明细分类账户；
3. 会根据经济业务资料确认对应账户；
4. 会根据经济业务资料正确编制会计分录；
5. 能根据会计分录登记账户；
6. 能运用试算平衡检查账户记录正确性；
7. 培养敬业精神、诚实守信和良好的职业道德修养。

重点

会计对象、会计要素、会计科目三者之间关系；设置会计科目原则与方法；账户基本结构；借贷记账法下账户结构；会计分录编制。

难点

工业企业会计科目；借贷记账法下账户结构；会计分录编制。

项目引言

企业经注册登记，取得了合法经营资格，资金也随着经营活动的开展而运动。核算和监督资金运动是会计的基本职能，而建立账簿是会计工作的第一步。建立账簿就是在账簿中设置账户，以便进行系统、分类的核算。会计科目是设置账户的依据，而会计科目是按经济内容对会计要素分类的类目,会计要素又是对资金运动初步分类的结果。会计对象、会计要素、会计科目、账户既有区别又有联系,并且在建立账簿中发挥着各自的作用。当你学了初始会计工作以后,就会明白它们之间的关系。

任务一　设置会计科目与账户

任务描述

1. 分别对企业、行政事业单位设置会计科目;
2. 根据会计科目在账簿中设置账户。

学习内容

学习内容一:会计要素与会计等式

一、会计要素

会计要素是对会计对象(资金运动)按经济特征所作的基本分类,是构成会计报表的基本因素,也是设置会计科目和账户的依据。

我国财政部颁布的《企业会计准则》将会计对象(资金运动)划分为六大要素,即资产、负债、所有者权益、收入、费用和利润。其中,资产、负债、所有者权益三大要素用来反映企业某一日期财务状况,是资产负债表的构成要素,也称为静态会计要素;收入、费用、利润三大要素用来反映企业某一时期经营成果,是利润表的构成要素,也称为动态会计要素。

(一)资产

1. 资产的概念

资产是指由过去的交易或事项形成的,由企业拥有或控制的,预期会给企业带来经济利益的经济资源。资产是用来反映资金占用特征的概念,可以是有形的,也可以是无形的;可以是货币形态,也可以是债权或其他权利。任何企业从事生产经营活动,必须拥有或控制一定数量和结构的资产,如库存现金、银行存款、厂房、机器设备、原材料等。

2. 资产的特征

(1)资产能够给企业未来带来预期经济利益,具有直接或间接导入现金流入企业的能力。能为企业未来带来预期经济利益是资产的重要特征。如果某项资产已丧失了给企业带来经济利益的能力,那么就不能再将它确认为企业的资产。例如,变质受损失去使用价值的存货、确认无法收回的应收账款、前期还在使用而在当期报废的机器设备。

（2）资产必须是企业拥有或控制的。拥有是指企业对某项资产享有所有权，企业能使用、转让或处置该项资产。控制是指企业虽然不拥有某项资产的所有权，但在一定期限内企业拥有对该项资产的使用权、转让权和收入享用权。例如，企业向银行借入一年期的款项 200 000 元，在借款期限一年内，企业拥有 200 000 元的使用权、转让权和收入享用权。

（3）资产是由过去的交易或事项形成的。也就是说，资产必须是现实的资产，而不能是预期的资产。

（4）资产必须能用货币计量。能用货币计量是会计核算的基础，否则就不能确认为企业资产。

3.资产的分类

资产按流动性分类是最基本的分类。资产按流动性可分为流动资产和非流动资产。

（1）流动资产。流动资产是指可以在一年或超过一年的一个营业周期内变现或耗用的资产。流动资产主要包括库存现金、银行存款、交易性金融资产、应收及预付款项、存货等。

（2）非流动资产。非流动资产是指在一年或超过一年的一个营业周期内不能变现或耗用的资产。非流动资产包括长期股权投资、固定资产、无形资产和其他资产等。

长期股权投资是指企业持有的对其子公司、合营企业及联营企业的权益性投资及企业持有的对被投资单位不具有控制、共同控制或重大影响，并且在活跃市场中没有报价、公允价值不能可靠计量的权益性投资。

固定资产是指同时具有以下特征的有形资产：①为生产产品、提供劳务、出租或经营管理而持有的；②使用年限超过一个会计年度。例如，房屋、建筑物、机器设备、运输工具及工具器具等。

无形资产是指没有实物形态的非货币性长期资产。例如，专利权、非专利技术、商标权、著作权、土地使用权等。

【学中做 2-1-1】 有人说："资金就是资产。"你认为这种说法正确吗？为什么？

（二）负债

1.负债的概念

负债是指过去的交易或事项形成的预期会导致经济利益流出企业的现时义务。

2.负债的特征

（1）负债是企业承担的现时义务。也就是说，负债是现实的、确定的义务，而不是潜在的义务。

（2）负债的清偿预期会导致经济利益流出企业。例如，用银行存款偿还银行借款 200 000元，企业负债减少了 200 000 元，同时企业银行存款也减少了 200 000 元。

3.负债的分类

负债按流动性（偿还期）可分为流动负债和长期负债。

（1）流动负债。流动负债是指在一年或超过一年的一个营业周期内偿还的债务。流动负债主要包括短期借款、应付票据、应付账款、预收账款、应付职工薪酬、应交税费、应付利息、应付股利、其他应付款等。

（2）长期负债。长期负债是指偿还期超过一年或一个营业周期的债务。长期负债包括长期借款、长期应付款、应付债券等。

(三)所有者权益

1.所有者权益的概念

所有者权益是指企业资产扣除负债后,由所有者享有的经济利益。股份公司的所有者权益又称为股东权益。

所有者权益也称为净资产,其计算公式为:

$$所有者权益＝资产－负债$$

2.所有者权益的特征

(1)除了发生减资、清算外,企业不需要返还所有者权益。

(2)企业清算时,只有在清偿所有负债后,所有者权益才返还给所有者。

(3)所有者凭借所有者权益参与利润分配。

3.所有者权益的分类

所有者权益包括实收资本、直接记入所有者权益的利得和损失、留存收益等。

(1)实收资本。实收资本是指投资者以现金、实物、无形资产以及其他方式实际投入企业用于生产经营活动的各种财产物资。实收资本包括国家投入资本、法人投入资本、外商投入资本、个人投入资本等。

(2)直接记入所有者权益的利得和损失。利得是指由企业非日常活动形成的、会导致所有者权益增加的、与投资者投入资本无关的经济利益的流入。例如,企业自用房地产原账面价值 5 000 000 元,转换为公允模式计量的投资性房地产,转换日其公允价值为 6 000 000元,公允价值大于原账面价值的差额 1 000 000 元即为利得。损失是指由企业非日常活动所发生的、会导致所有者权益减少的、与向所有者分配利润无关的经济利益的流出。例如,企业可供出售的股票投资,在资产负债表日,其公允价值低于其账面价值的差额即为损失。

(3)留存收益。企业从历年实现的净利润中提取或留存于企业内部的积累,包括盈余公积和未分配利润两个部分。

(四)收入

1.收入的概念

收入是指企业在销售商品、提供劳务和让渡资产使用权等日常活动中形成的经济利益总流入。企业替第三方或客户代收的款项,不属于收入,而是属于企业的负债。

2.收入的特征

(1)收入是企业日常经营活动所得。日常经营活动包括工业企业生产和销售产品活动、商业企业销售商品活动、金融机构从事贷款活动等。非日常经营活动所得,不属于收入,而应当属于投资收益或营业外收入。例如,固定资产盘盈、处置固定资产净收益、非货币性交易收益、罚款净收入等都属于营业外收入。

(2)收入表现为企业资产增加、所有者权益增加或负债减少。例如,销售商品100件,取得收入 50 000 元,存入银行。这项销售商品活动引起资产(银行存款)增加 50 000 元,同时,由于收入增加 50 000 元,相应引起所有者权益增加。

3.收入的分类

收入按企业经营业务的主次,可分为主营业务收入和其他业务收入。

(1)主营业务收入。主营业务收入是指企业从事基本营业活动所取得的收入,如工业企业产品销售收入、商业企业商品销售收入。

（2）其他业务收入。其他业务收入是指企业从事基本营业活动以外的其他活动所取得的收入。如工业企业出售材料收入、出租房屋的租金收入。

（五）费用

1.费用的概念

费用是指企业在销售商品、提供劳务和让渡资产使用权等日常活动中形成的经济利益总流出。企业替第三方或客户代付的款项，不属于费用，而是属于企业的资产。

2.费用的特征

（1）费用是企业日常经营活动所耗。非日常经营活动所耗，不属于费用，而应当属于投资损失或营业外支出。例如，固定资产盘亏、处置固定资产净损失、债务重组损失、计提固定资产减值准备、捐赠支出、罚款支出、非常损失等都属于营业外支出。

（2）费用表现为企业资产减少、所有者权益减少或负债增加。例如，用银行存款100 000元支付广告费用。这项活动引起资产减少100 000元，同时，由于费用增加100 000元，相应引起所有者权益减少。

3.费用的分类

费用按是否计入成本，可分为成本性费用和期间费用。

（1）成本性费用。成本性费用是指企业为生产一定种类和数量的产品所发生的构成产品生产成本的费用，包括直接材料、直接人工和制造费用三个项目。直接材料、直接人工发生时直接计入产品成本。制造费用是指企业各生产单位（分厂、车间）为组织和管理生产活动而发生的各项费用，包括车间管理人员工资及福利费、车间固定资产折旧费、车间固定资产修理费、车间办公费和水电费等。

（2）期间费用。期间费用是指不计入产品生产成本，而在发生的会计期间直接计入当期损益的费用，包括管理费用、财务费用和销售费用。管理费用是指企业行政管理部门为组织和管理生产经营活动而发生的各项费用，如行政管理人员工资及福利费、固定资产折旧费、差旅费等。财务费用是指企业为筹集资金而发生的各项费用，如短期借款利息费用、汇兑损失等。销售费用是指企业为推销产品而发生的各项费用，如广告费、销售产品运费、产品包装费等。

【学中做 2-1-2】 有人说："费用就是成本。"你认为这种说法正确吗？为什么？

（六）利润

1.利润的概念

利润是指企业在一定会计期间的经营成果。

2.利润的分类

根据我国《企业会计准则》规定，企业利润一般分为营业利润、利润总额和净利润三类。

（1）营业利润。营业利润是企业日常经营活动的利润。公式为：

营业利润＝营业收入－营业成本－营业税金及附加－期间费用－资产减值损失＋公允价值变动净收益＋投资净收益

（2）利润总额。利润总额又称税前利润。公式为：

利润总额＝营业利润＋营业外收入－营业外支出

（3）净利润。净利润又称税后利润。公式为：

$$净利润＝利润总额－所得税$$

二、会计等式

会计等式是会计要素之间的基本数量关系表达式。会计等式是设置账户、复式记账和编制会计报表的重要理论依据。

（一）静态会计等式

天翼公司创建时初始投入货币资金 1 000 000 元，借入货币资金 1 000 000 元，则经过会计核算，资产（银行存款）2 000 000 元，负债（银行借款）1 000 000 元，所有者权益（投入资本）1 000 000 元。可用公式表示为

$$资产＝权益 \qquad\qquad ……①$$
$$资产＝债权人权益＋所有者权益 \qquad\qquad ……②$$
$$资产＝负债＋所有者权益 \qquad\qquad ……③$$

上式中，资产用来表示投入资金占用的概念，权益用来表示投入资金来源的概念。权益分为债权人权益和所有者权益两类，其中，债权人权益又可称为负债。

上式①②③都是反映企业某一特定日期财务状况的会计等式，所以称为静态会计等式。"资产＝负债＋所有者权益"的恒等关系是复式记账的理论基础，也是编制资产负债表的依据。

（二）动态会计等式

天翼公司经过一个月的生产经营活动，耗费资产 200 000 元，取得销售收入 300 000 元。则本月发生费用 200 000 元，产生收入 300 000 元，本月利润为 100 000 元。可用公式表示为

$$收入－费用＝利润 \qquad\qquad ……④$$

上式中，利润用来表示某一会计期间资金运用所带来的成果。利润是同一会计期间的收入和费用配比的结果。

上式④是反映企业某一会计期间经营成果的会计等式，所以称为动态会计等式。"收入－费用＝利润"的恒等关系是编制利润表的依据。

（三）静态和动态相结合会计等式

天翼公司生产经营活动一个月月末，资产等于 2 100 000 元（2 000 000 元－200 000 元＋300 000 元），权益等于 2 100 000 元（2 000 000 元＋300 000 元－200 000 元），会计要素之间数量关系可表示为

$$资产＝负债＋所有者权益＋收入－费用 \qquad\qquad ……⑤$$
$$资产＝负债＋所有者权益＋利润 \qquad\qquad ……⑥$$

在会计期末，若企业取得净利润，按规定程序进行分配后，留存收益会引起所有者权益增加；反之，若发生亏损，则引起所有者权益减少。在利润或亏损计入所有者权益后，会计要素之间的数量关系式又可表示为

$$资产＝负债＋所有者权益 \qquad\qquad ……⑦$$

上述会计等式中，会计期初和会计期末都表现为"资产＝负债＋所有者权益"，因此，会计上将"资产＝负债＋所有者权益"称为会计基本等式。

【学中做 2-1-3】　上述会计等式中，会计期初和会计期末，会计要素之间的数量关系式应该是其中的哪一个？

三、经济业务发生对会计要素影响的类型

企业在每一个会计期间都会发生各种各样经济业务,也会引起各个要素数量上的变化,但各个要素之间的数量平衡关系是永恒的。因为,任何经济业务发生,对会计要素的影响不外乎以下四种类型,九类业务。

(一)资产增加,权益增加

1. 资产增加,负债增加

【做中学 2-1-1】 天翼公司供货单位购入原材料 10 000 元,货款暂欠。

该项经济业务发生会引起企业资产(原材料)增加 10 000 元,负债(应付账款)增加 10 000 元。资产和权益同时增加 10 000 元,会计等式成立。

2. 资产增加,所有者权益增加

【做中学 2-1-2】 天翼公司收到投资者投入资本 1 000 000 元,存入银行。

该项经济业务发生会引起企业资产(银行存款)增加 1 000 000 元,所有者权益(实收资本)增加 1 000 000 元。资产和权益同时增加 1 000 000 元,会计等式成立。

(二)资产减少,权益减少

1. 资产减少,负债减少

【做中学 2-1-3】 天翼公司用银行存款偿还前欠购入原材料货款 10 000 元。

该项经济业务发生会引起企业资产(银行存款)减少 10 000 元,负债(应付账款)减少 10 000 元。资产和权益同时减少 10 000 元,会计等式成立。

2. 资产减少,所有者权益减少

【做中学 2-1-4】 经批准,天翼公司减少资本金 200 000 元,用银行存款退还给投资者。

该项经济业务发生会引起企业资产(银行存款)减少 200 000 元,所有者权益(实收资本)减少 200 000 元。资产和权益同时减少 200 000 元,会计等式成立。

(三)资产内部一增一减

【做中学 2-1-5】 天翼公司从银行提取现金 10 000 元,备用。

该项经济业务发生会引起企业资产(库存现金)增加 10 000 元,资产(银行存款)减少 10 000 元。资产内部一增一减,资产总额不变,会计等式成立。

(四)权益内部一增一减

1. 负债增加,所有者权益减少

【做中学 2-1-6】 经批准,天翼公司进行利润分配,应付投资者利润 100 000 元。

该项经济业务发生会引起企业负债(应付股利)增加 100 000 元,所有者权益(未分配利润)减少 100 000 元。权益内部一增一减,权益总额不变,会计等式成立。

2. 所有者权益增加,负债减少

【做中学 2-1-7】 经批准,天翼公司将一年期的银行借款 500 000 元转为对本企业的投资。

该项经济业务发生会引起企业负债(短期借款)减少 500 000 元,所有者权益(实收资本)增加 500 000 元。权益内部一增一减,权益总额不变,会计等式成立。

3. 负债内部一增一减

【做中学 2-1-8】 某企业开出商业汇票偿还前欠货款 100 000 元。

该项经济业务发生会引起企业负债(应付票据)增加 100 000 元,负债(应付账款)减少 100 000 元。负债内部一增一减,权益总额不变,会计等式成立。

4.所有者权益内部一增一减

【做中学 2-1-9】　某企业将盈余公积 50 000 元转增为资本金。

该项经济业务发生会引起企业所有者权益(实收资本)增加 50 000 元,所有者权益(盈余公积)减少 50 000 元。所有者权益内部一增一减,权益总额不变,会计等式成立。

上述九类经济业务对会计要素产生的影响,可用表 2-1 表示。

表 2-1　经济业务对会计要素产生的影响

题　号	资　产	＝	负　债	＋	所有者权益
【做中学 2-1-1】	＋		＋		
【做中学 2-1-2】	＋				＋
【做中学 2-1-3】	－		－		
【做中学 2-1-4】	－				－
【做中学 2-1-5】	＋　－				
【做中学 2-1-6】			＋		－
【做中学 2-1-7】			－		＋
【做中学 2-1-8】			＋　－		
【做中学 2-1-9】					＋　－

【学中做 2-1-4】　2009 年 6 月 1 日某公司资产为 600 000 元,负债为 200 000 元,所有者权益为 400 000 元。6 月份发生以下经济业务:(1)提取现金 10 000 元;(2)购入材料 20 000 元,货款未付;(3)用银行存款偿还前欠货款 5 000 元;(4)开出商业汇票偿还应付账款 20 000 元。试分析上述经济业务发生对会计要素产生影响的类型;计算 6 月末资产总额、负债总额、所有者权益总额,并验证是否仍然保持会计等式的平衡关系。

学习内容二:会计科目

一、会计科目的概念

会计科目是对会计对象的具体内容(会计要素)进行分类核算的类目,是会计账户的名称。

企业在生产经营过程,经常发生各种各样引起资金运动的经济业务,统称为会计事项。会计事项的发生必然引起会计要素之间、会计要素内部各项目之间增减变化。为了全面、系统、分类、详细地核算和监督会计要素变化情况,必须对会计要素按经济内容进行进一步分类,一类称为一个科目,并规定其核算内容。对会计要素所作的进一步分类,在实际工作中就是设置会计科目。

二、会计科目的设置原则

(一)合法性原则

合法性原则是指所设置的会计科目应当符合国家统一的会计制度的规定。会计科目由国家财政部统一制定颁布。

(二)相关性原则

相关性原则是指所设置的会计科目应当为提供有关各方所需的会计信息服务,满足对外报告和对内管理的要求。

(三)实用性原则

实用性原则是指所设置的会计科目应当符合单位自身特点,满足单位实际需要。在不违反合法性的前提下,单位可以根据实际需要,自行增设、分拆、合并会计科目,具有一定的灵活性。例如,工业企业应当设置"生产成本"科目,在"生产成本"科目下面还可以根据产品品种规格设置明细科目。商业企业不需设"生产成本"科目。若企业采用备用金核算制度的,还可以增设"备用金"科目。

三、会计科目的分类

会计科目分类标准主要有两个:一是按核算的经济内容分类;二是按提供核算指标的详细程度分类。

(一)按核算的经济内容分类

所谓会计科目的具体内容,是指会计科目核算和监督会计对象的具体内容。按核算的经济内容分类是最基本的分类。

国家财政部 2006 年 10 月颁布的《企业会计准则—应用指南》,对企业应用的会计科目及其核算内容作出了规定。从会计学基础实际教学需要出发,本教材只提供其中部分与工业企业生产经营活动有关的会计科目名称。工业企业会计科目划分为六大类,即资产类、负债类、共同类、所有者权益类、成本类和损益类。具体内容参见表 2-2 所示。

表 2-2　工业企业常用会计科目表

编号	会计科目名称	编号	会计科目名称
	一、资产类	2221★	应交税费
1001★	库存现金	2231★	应付利息
1002★	银行存款	2232★	应付股利
1012	其他货币资金	2241★	其他应付款
1101	交易性金融资产	2501★	长期借款
1121★	应收票据	2502	应付债券
1122★	应收账款	2701	长期应付款
1123★	预付账款	2801	预计负债
1131	应收股利	2901	递延所得税负债

续表

编号	会计科目名称	编号	会计科目名称
1221★	其他应收款		三、共同类
1231★	坏账准备	3101	衍生工具
1401	材料采购	3201	套期工具
1402★	在途物资		四、所有者权益类
1403★	原材料	4001★	实收资本
1404	材料成本差异	4002★	资本公积
1405★	库存商品	4101★	盈余公积
1412	包装物	4103★	本年利润
1413	低值易耗品	4104★	利润分配
1471	存货跌价准备		五、成本类
1511	长期股权投资	5001★	生产成本
1512	长期股权投资减值准备	5101★	制造费用
1601★	固定资产		六、损益类
1602★	累计折旧	6001★	主营业务收入
1603	固定资产减值准备	6051★	其他业务收入
1604★	在建工程	6101	公允价值变动损益
1606★	固定资产清理	6111	投资收益
1701★	无形资产	6301★	营业外收入
1702	累计摊销	6401★	主营业务成本
1703	无形资产减值准备	6402★	其他业务成本
1711	商誉	6403★	营业税金及附加
1801	长期待摊费用	6601★	销售费用
1901★	待处理财产损溢	6602★	管理费用
	二、负债类	6603★	财务费用
2001★	短期借款	6701	财产减值损失
2201★	应付票据	6711★	营业外支出
2202★	应付账款	6801★	所得税费用
2203★	预收账款	6901	以前年度损益调整
2211★	应付职工薪酬		

温馨提示：带"★"号的为学习《会计学基础》课程要求掌握的会计科目。

(二)按提供核算指标的详细程度分类

会计科目按提供核算指标的详细程度,可分为总分类科目和明细分类科目。

1.总分类科目

总分类科目又称为总账科目或一级科目,是对会计要素的具体内容进行总括分类,是设置总分类账户、进行总分类核算的依据。企业根据总分类科目进行核算所提供的是总括指标。

➡ 温馨提示：上述表 2-2 中的科目都为总分类科目。

2.明细分类科目

明细分类科目又称为明细科目或细目，是对某一总分类科目核算内容所作的进一步分类的类目。例如，"原材料"总分类科目是反映企业库存各种材料收发结存情况的科目，为了反映各种具体原材料的收发结存情况，在"原材料"总分类科目下按材料种类设置原料及主要材料、辅助材料、修理用备件等二级明细科目。在"应收账款"总分类科目下按债务人名称设置明细科目，反映企业应收账款详细情况。以"应收账款"为例，其设置的明细分类科目如表 2-3 所示。

表 2-3　会计科目按提供指标详细程度分类

总分类科目	明细分类科目
应收账款	华胜公司
	红星公司
	下沙公司

明细分类科目的设置，除国家统一规定外，各单位可以根据本单位的具体情况和经济管理的需要自行设置。

【学中做 2-1-5】　一个总分类科目下面设置明细分类科目，是不是越多越好呢？

学习内容三：账户

一、账户的概念

会计账户简称账户，是根据会计科目设置的，具有一定格式和结构，用于分类、连续、系统地反映会计要素变动情况及其结果的载体。会计账簿又是会计账户的载体。

设置账户是会计核算的重要方法之一，也是初始会计工作的重要内容。各单位在会计核算初始阶段，应当根据设置的会计科目在会计账簿中开设账户。在总分类账簿中设置总分类账户，在明细分类账簿中设置明细分类账户。

【学中做 2-1-6】　进行会计核算，为什么要设置账户？

二、账户的分类

账户的分类同会计科目的分类相一致。根据账户所反映的经济内容，可分为资产类账户、负债类账户、共同类账户、所有者权益类账户、成本类账户和损益类账户。根据账户提供指标的详细程度，可分为总分类账户和明细分类账户。

三、账户的基本结构

由于每一项经济业务的发生，必然会引起会计要素下面相关科目发生变动，而这种变动从数量上看不外乎增加和减少两种情况。因此,为了清晰地反映经济业务发生引起相关会计科目数量的增减变动情况,通常将账户分为左方和右方,一方登记增加额,另一方登记减少额。至于哪一方登记增加额、哪一方登记减少额,取决于所记录的经济业务和账户性质。在账户中,本期登记上去的金额称为本期发生额。登记在增加方的称为本期增加发生额,登记在减少方的称为本期减少发生额。增加额和减少额相减后的差额即为余额。余额按表示的时间不同,分为期初余额和期末余额。它们之间关系为:

期末余额＝期初余额＋本期增加发生额－本期减少发生额

在教学上,通常运用"T"字形账户为载体来说明每一个具体账户的结构。"T"字形账户是一个简化账户,只反映实际账户中登记金额的部位,其账户格式如图 2-1 所示。

左方	账户名称(会计科目)	右方

图 2-1　"T"字形账户

在借贷记账法下,"T"字形账户格式如图 2-2 所示。

借方	账户名称(会计科目)	贷方

图 2-2　借贷记账法下的"T"字形账户

在会计实务中,账户的基本格式是三栏式,即增加栏、减少栏和余额栏。在借贷记账法下,账户的基本结构具体包括以下几个方面:

1.账户名称(会计科目)。

2.经济业务发生日期及摘要。

3.凭证号数。

4.增加额、减少额和余额。

账户的一般格式如表 2-4 所示。

表 2-4　账户名称(会计科目)

××年		凭证号数	摘要	借方	贷方	借或贷	余额
月	日						

学习内容四:会计科目与账户的关系

会计科目和账户是两个不同的概念,它们之间既有区别又有联系。

一、会计科目和账户的区别

会计科目只是一个名称,而账户既有名称又有结构。

二、会计科目和账户的联系

(一)两者都是对会计对象具体内容(会计要素)的科学分类,口径一致,性质相同。

(二)会计科目是账户的名称,也是设置账户的依据;账户是会计科目的具体运用。

温馨提示:在实际工作中,对会计科目和账户不加以区分,而是相互通用。

任务二　复式记账

任务描述

1. 正确理解复式记账含义。了解单式记账不足之处,掌握复式记账理论依据、优点、种类;

2. 掌握借贷记账法下各类账户的结构。哪些账户有余额,哪些账户无余额;

3. 学会编制会计分录。掌握会计科目及其类别,结合借贷记账法,对经济业务编制会计分录;

4. 进行试算平衡,检验账户记录正确性。

学习内容

学习内容一:复式记账原理

一、记账方法的概念

记账方法是指根据一定的原理、记账符号和记账规则,采用货币计量单位,利用文字和数字在账户中记录经济业务的方法。

二、记账方法的种类

按记账方式的不同,可分为单式记账法和复式记账法。

(一)单式记账法

单式记账法是指对发生的每一项经济业务只在一个主要账户中进行登记的方法。例如,用银行存款购买原材料 10 000 元,只在"银行存款"账户中登记银行存款减少额 10 000

元,而原材料增加额 10 000 元不再进行登记。

单式记账法是一种比较简单、不完整的记账方法,它只重点登记库存现金、银行存款以及债权债务方面发生的经济业务。因此,单式记账法不能全面反映经济业务的来龙去脉,不便于核对账目。目前,我国行政、企事业单位均不采用这种记账方法。

(二)复式记账法

复式记账法是指对每一项经济业务,都以相等的金额在两个或两个以上相互联系的账户中进行登记的记账方法。例如,用银行存款购买原材料 10 000 元,一方面在"银行存款"账户中登记银行存款减少额 10 000 元,另一方面在"原材料"账户中登记原材料增加额10 000元。

三、复式记账法的理论依据

复式记账法是依据"资产＝负债＋所有者权益"这一会计基本等式所反映的资金平衡关系原理而产生的。企业发生的每一项经济业务,都会引起会计要素之间的增减变动,但都不会破坏会计等式的平衡关系。

复式记账法优点:①能反映经济业务的来龙去脉及所引起会计要素变化的情况;②能对会计记录结果进行试算平衡,以检查账户记录正确性。

四、复式记账法的种类

根据记账符号的不同,复式记账法可分为借贷记账法、增减记账法和收付记账法三种。我国会计制度规定,企业、行政事业单位的会计记账方法应当采用借贷记账法。

【学中做 2-2-1】 复式记账法优点是什么? 我国采用哪种复式记账法?

学习内容二:借贷记账法

一、借贷记账法的概念

借贷记账法是指以"借"和"贷"作为记账符号的复式记账法。

温馨提示:"借"和"贷"只是一种记账符号,仅仅表示增加或者减少,没有任何字面意义。

二、借贷记账法下的账户结构

在借贷记账法下,账户的金额栏分为借方和贷方,至于哪一方登记增加额,哪一方登记减少额,取决于账户的性质,即账户所反映的经济内容。

账户按经济内容不同,分为资产类账户、负债类账户、所有者权益类账户、成本类账户、损益类账户。其中损益类账户是反映收入、费用的账户,又可以将其分为损益收入类账户和损益支出类账户。根据"资产＝负债＋所有者权益＋收入－费用"的会计等式,资产是反映资金占用的要素,负债、所有者权益均为反映资金来源的要素,因此,对资产和权益的增减变动,必须按相反方向在账户中加以记录。而收入的增加可以视为所有者权益的增加,费用的增加则视为所有者权益的减少,这就决定了收入类账户的结构应当与所有者权益类账户一致,成本费用类账户的结构与所有者权益类账户相反。

(一)资产类账户结构

资产类账户结构:借方登记增加额,贷方登记减少额,余额在借方。其"T"字形账户结构如图 2-3 所示。

借方		会计科目(资产类)		贷方
期初余额	×××			
本期增加额	×××	本期减少额	×××	
本期发生额	×××	本期发生额	×××	
期末余额	×××			

图 2-3　资产类账户结构

例如:"库存现金"账户结构如图 2-4 所示。

借方		库存现金		贷方
期初余额	1 000			
	5 000(增加额)	3 000(减少额)		
本期发生额	5 000	本期发生额	3 000	
期末余额	3 000			

图 2-4　"库存现金"账户结构

(二)负债类、所有者权益类账户结构

负债类、所有者权益类账户结构:借方登记减少额,贷方登记增加额,余额在贷方。其"T"字形账户结构如图 2-5 所示。

借方		会计科目(负债类、所有者权益类)		贷方
		期初余额	×××	
本期减少额	×××	本期增加额	×××	
本期发生额	×××	本期发生额	×××	
		期末余额	×××	

图 2-5　负债类、所有者权益类账户结构

例如:"应付账款"账户结构如图 2-6 所示。

借方		应付账款		贷方
		期初余额	100 000	
100 000（减少额）			50 000（增加额）	
本期发生额　100 000		本期发生额　50 000		
		期末余额　50 000		

图 2-6　"应付账款"账户结构

(三)成本类账户结构

成本类账户结构:借方登记增加额,贷方登记减少或转销额,余额在借方。其"T"字形账户结构如图 2-7 所示。

借方		会计科目(成本类)		贷方
期初余额	×××			
本期增加额	×××	本期减少额	×××	
本期发生额	×××	本期发生额	×××	
期末余额	×××			

图 2-7　成本类账户结构

例如:"生产成本"账户结构如图 2-8 所示。

借方		生产成本		贷方
期初余额	20 000			
	50 000（增加额）		60 000（减少额）	
本期发生额	50 000	本期发生额	60 000	
期末余额	10 000			

图 2-8　"生产成本"账户结构

(四)损益收入类账户结构

损益收入类账户结构:借方登记减少或转销额,贷方登记增加额,期末一般无余额。其"T"字形账户结构如图 2-9 所示。

借方	会计科目(损益收入类)	贷方
	本期减少或转销额　×××　　　　　本期增加额　×××	
	本期发生额　×××　　　　　　本期发生额　×××	

图 2-9　损益收入类账户结构

例如:"主营业务收入"账户结构如图 2-10 所示。

借方	主营业务收入	贷方
	100 000(减少或转销额)　　　　　100 000(增加额)	
	本期发生额　100 000　　　　　　本期发生额　100 000	

图 2-10　"主营业务收入"账户结构

(五)损益支出类账户结构

损益支出类账户结构:借方登记增加额,贷方登记减少或转销额,期末一般无余额。其"T"字形账户结构如图 2-11 所示。

借方	会计科目(损益支出类)	贷方
	本期增加额　×××　　　　　本期减少或转销额　×××	
	本期发生额　×××　　　　　　本期发生额　　　×××	

图 2-11　损益支出类账户结构

例如:"管理费用"账户结构如图 2-12 所示。

借方	管理费用	贷方
	50 000(增加额)　　　　　　50 000(减少或转销额)	
	本期发生额　50 000　　　　　本期发生额　50 000	

图 2-12　"管理费用"账户结构

综上所述,各类账户的结构见表2-5所示。

表2-5 各类账户结构归纳表

账户类别	期初余额方向	借方登记内容	贷方登记内容	期末余额方向
资产类	借方	增加额	减少额	借方
负债类	贷方	减少额	增加额	贷方
所有者权益类	贷方	减少额	增加额	贷方
成本类	借方	增加额	减少额	借方
损益收入类	一般无余额	减少或转销额	增加额	一般无余额
损益支出类	一般无余额	增加额	减少或转销额	一般无余额

温馨提示:各类账户结构一定要掌握哦!很重要的。

三、借贷记账法的记账规则

借贷记账法的记账规则:"有借必有贷,借贷必相等"。也就是说,对于每一项经济业务都要在两个或两个以上相互联系的账户中以借方和贷方相等的金额进行登记。

前面已述,企业任何经济业务发生,对会计要素的影响不外乎以下四种类型,九类业务。在借贷记账法下,各要素的变动情况如表2-6所示。

表2-6 会计要素变动规律表

经济业务类型	各类账户应记方向			记入金额
	资产类	负债类	所有者权益类	
资产增加、权益增加	借方	贷方		同增
资产减少、权益减少	贷方	借方		同减
资产内部一增一减	借方、贷方			一增一减
权益内部一增一减		借方、贷方		一增一减

【做中学2-2-1】 天翼公司用银行存款购入原材料50 000元。

这项经济业务发生,"原材料"账户增加了50 000元,同时,"银行存款"账户减少了50 000元。如表2-7所示。

表2-7 "原材料"和"银行存款"变动

涉及账户	变动情况	借方	贷方
原材料	增加	50 000	
银行存款	减少		50 000

【做中学2-2-2】 天翼公司收到投资者投入资金1 000 000元,存入银行。

这项经济业务发生,"银行存款"账户增加了1 000 000元,同时,"实收资本"账户也增加了 1 000 000 元。如表 2-8 所示。

表 2-8 "银行存款"和"实收资本"变动

涉及账户	变动情况	借方	贷方
银行存款	增加	1 000 000	
实收资本	增加		1 000 000

【做中学 2-2-3】 天翼公司用银行存款偿还短期借款 100 000 元。

这项经济业务发生,"银行存款"账户减少了 100 000 元,同时,"短期借款"账户也减少了 100 000 元。如表 2-9 所示。

表 2-9 "银行存款"和"短期借款"变动

涉及账户	变动情况	借方	贷方
银行存款	减少		100 000
短期借款	减少	100 000	

【做中学 2-2-4】 天翼公司用盈余公积转增为资本金 100 000 元。

这项经济业务发生,"盈余公积"账户减少了 100 000 元,同时,"实收资本"账户增加了 100 000 元。如表 2-10 所示。

表 2-10 "盈余公积"和"实收资本"变动

涉及账户	变动情况	借方	贷方
盈余公积	减少	100 000	
实收资本	增加		100 000

温馨提示:借贷记账法记账规则一定要记牢哦! 并运用它。

四、对应账户与会计分录

(一)对应账户

综上所述,每一项经济业务发生后,都要在两个或两个以上相互联系的账户中以借方和贷方相等的金额进行登记,这种存在借方和贷方对应关系的账户,称为对应账户。例如,从银行提取现金 5 000 元。"库存现金"账户与"银行存款"账户就是对应账户。

(二)会计分录

1.会计分录的概念

会计分录简称分录,是指对某项经济业务标明其应借应贷账户及其金额的记录。会计分录由会计科目(账户名称)、记账符号和记账金额三个要素组成。

2.会计分录的种类

按照所涉及的账户多少,会计分录可分为简单会计分录和复合会计分录。简单会计分录只涉及两个账户,即一借一贷的会计分录;复合会计分录涉及两个以上账户,即一借多贷、一贷多借或多借多贷的会计分录。

　　温馨提示:在会计实务中,除经济业务确实需要外,尽量不要编制"多借多贷"的会计分录。因为"多借多贷"的会计分录无法反映账户之间的对应关系。

　　3.会计分录的格式

　　在教学过程中,会计分录应当按照规范格式编制。其格式如下:

　　借:会计科目　　　　　　　　　　　　　　　　　　　　　　　　　×××
　　　　贷:会计科目　　　　　　　　　　　　　　　　　　　　　　　　×××

　　在会计实务中,会计分录应当编制在记账凭证上,编制会计分录也就是编制记账凭证。关于记账凭证编制方法在项目三详细介绍。

　　4.会计分录的编制

　　会计分录编制步骤如下:

　　(1)确认涉及是资产(成本、费用)还是权益(收入);

　　(2)确认账户金额变化是增加还是减少;

　　(3)确认对应账户的记账方向;

　　(4)确认借贷方金额是否相等。

　　【做中学 2-2-5】　2009 年 2 月,天翼公司用银行存款购入原材料 50 000 元。

　　借:原材料　　　　　　　　　　　　　　　　　　　　　　　50 000
　　　　贷:银行存款　　　　　　　　　　　　　　　　　　　　50 000

　　【做中学 2-2-6】　2009 年 2 月,天翼公司收到投资者投入资金 1 000 000 元,存入银行。

　　借:银行存款　　　　　　　　　　　　　　　　　　　　1 000 000
　　　　贷:实收资本　　　　　　　　　　　　　　　　　　1 000 000

　　【做中学 2-2-7】　2009 年 2 月,天翼公司用银行存款偿还短期借款 100 000 元。

　　借:短期借款　　　　　　　　　　　　　　　　　　　　100 000
　　　　贷:银行存款　　　　　　　　　　　　　　　　　　100 000

　　【做中学 2-2-8】　2009 年 2 月,天翼公司用盈余公积转增为资本金 100 000 元。

　　借:盈余公积　　　　　　　　　　　　　　　　　　　　100 000
　　　　贷:实收资本　　　　　　　　　　　　　　　　　　100 000

　　【学中做 2-2-2】　某企业从银行提取现金 100 000 元,备发工资。

　　【学中做 2-2-3】　某企业用银行存款 80 000 元购入生产设备一台,设备已投入使用。

五、试算平衡

　　试算平衡是指根据资产与权益的恒等关系以及借贷记账法的记账规则,检查所有账户记录是否正确的方法。试算平衡包括发生额试算平衡和余额试算平衡。

　　(一)发生额试算平衡

　　发生额试算平衡是根据本期所有账户借方发生额合计数与贷方发生额合计数的恒等关系,检验本期发生额记录是否正确的方法。其平衡公式为:

　　　　全部账户本期借方发生额合计＝全部账户本期贷方发生额合计

(二)余额试算平衡

余额试算平衡是根据本期所有账户借方余额合计数与贷方余额合计数的恒等关系,检验账户余额记录是否正确的方法。其平衡公式为:

全部账户借方期初余额合计＝全部账户贷方期初余额合计

全部账户借方期末余额合计＝全部账户贷方期末余额合计

在会计实务中,试算平衡通常以编制试算平衡表方式进行。

【做中学 2-2-9】 天翼公司 2009 年 2 月初有关账户余额如表 2-11 所示。

表 2-11 账户余额表   单位:元

账户名称	借方余额	账户名称	贷方余额
银行存款	200 000	短期借款	100 000
应收账款	50 000	应付账款	50 000
原材料	10 000	实收资本	350 000
固定资产	440 000	盈余公积	200 000
合　计	700 000	合　计	700 000

将【做中学 2-2-5】—【做中学 2-2-8】四项经济业务的会计分录记入有关账户,如图 2-13—图 2-17 所示,并结出各账户的本期发生额和期末余额,填入试算平衡表,如表 2-12 所示。

借方		银行存款		贷方
期初余额	200 000			
	1 000 000		50 000	
			100 000	
本期发生额	1 000 000	本期发生额	150 000	
期末余额	1 050 000			

图 2-13 "银行存款"账户

借方		原材料		贷方
期初余额	10 000			
	50 000			
本期发生额	50 000	本期发生额	0	
期末余额	60 000			

图 2-14 "原材料"账户

借方		实收资本		贷方
		期初余额	350 000	
			1 000 000	
			100 000	
本期发生额	0	本期发生额	1 100 000	
		期末余额	1 450 000	

图 2-15　"实收资本"账户

借方		短期借款		贷方
		期初余额	100 000	
	100 000			
本期发生额	100 000	本期发生额	0	
		期末余额	0	

图 2-16　"短期借款"账户

借方		盈余公积		贷方
		期初余额	200 000	
	100 000			
本期发生额	100 000	本期发生额	0	
		期末余额	100 000	

图 2-17　"盈余公积"账户

表 2-12　试算平衡表

2009 年 2 月 28 日　　　　　　　　　　单位:元

账户名称	期初余额		本期发生额		期末余额	
	借方	贷方	借方	贷方	借方	贷方
银行存款	200 000		1 000 000	150 000	1 050 000	
应收账款	50 000				50 000	
原材料	10 000		50 000		60 000	
固定资产	440 000				440 000	
短期借款		100 000	100 000			0
应付账款		50 000				50 000
实收资本		350 000		1 100 000		1 450 000
盈余公积		200 000	100 000			100 000
合　计	700 000	700 000	1 250 000	1 250 000	1 600 000	1 600 000

温馨提示：试算平衡只是通过借贷金额是否平衡来检查账户记录是否正确。如果借贷不平衡，账户记录一定有错误，应查找原因并予以纠正；如果借贷平衡，账户记录也不一定正确，因为有些记账错误并不影响借贷方的平衡。例如：①重记或漏记某项经济业务；②多记或少记某项经济业务；③某项经济业务记错账户；④某项经济业务相关账户借贷方向相互颠倒。

【项目训练】

一、职业能力判断与选择

（一）判断题

1.任何一项经济业务的发生都会引起资产或权益的增减变化，但始终保持"资产＝权益"这一平衡关系，因此，一项资产的增加，必然引起另一项权益的等额增加。（ ）

2.收入要素主要包括主营业务收入、其他业务收入、营业外收入。（ ）

3.将短期借款转为对本公司的投资属于权益内部的变化，并不影响资产总额。（ ）

4.费用的发生，通常会导致资产的减少或负债的增加。（ ）

5.某一项财产物资要成为企业的资产，其所有权必须属于企业。（ ）

6.费用是企业实际发生的各项开支和损失。（ ）

7.应付账款和预付账款一样都是负债类账户。（ ）

8.会计科目是账户的名称，账户是会计科目的载体和具体运用。（ ）

9.负债类账户的期末余额＝期初借方余额＋本期贷方发生额－本期借方发生额。
（ ）

10.账户分为左右两方，左方登记增加，右方登记减少。（ ）

11.只要实现了期初余额、本期发生额和期末余额三栏的平衡关系，就说明账户记录正确。（ ）

12.在借贷记账法下，资产类账户余额一般在借方。（ ）

13.在借贷记账法下，哪一方登记增加，哪一方登记减少，由账户结构决定。（ ）

14.只要试算平衡了，账户记录肯定正确。（ ）

15.复合分录仅指多借多贷的会计分录。（ ）

（二）单项选择题

1.所有者权益是指（   ）。

    A.企业总资产减去流动负债后的余额　　　B.未分配利润

    C.全部资产减去全部负债后的余额　　　　D.企业实收资本

2.我国《企业会计准则》明确列示了（   ）个会计要素。

    A.五　　　　　　B.六　　　　　　C.八　　　　　　D.十

3.（   ）是对会计对象的基本分类，是会计核算对象的具体化。

    A.会计要素　　　B.会计账户　　　C.会计科目　　　D.会计分录

4.下列不属于收入要素的收入是（   ）。

    A.营业外收入　　　　　　　　　　B.主营业务收入

C.其他业务收入　　　　　　　　　　D.利息收入

5.最基本的会计等式是（　　）。

A.收入－费用＝利润

B.资产＝负债＋所有者权益＋收入－费用

C.资产＝负债＋所有者权益

D.收入－费用－负债＝利润

6.下列不属于流动负债的是（　　）。

A.应付票据　　　B.预收账款　　　C.应付债券　　　D.应付股利

7.下列经济业务中,引起资产和负债同时增加的是（　　）。

A.以银行存款购买材料　　　　　　　B.以银行存款对外投资

C.以银行存款偿还前欠货款　　　　　D.取得银行借款,存入银行

8.下列项目中,不属于流动资产的是（　　）。

A.其他应收款　　　B.存货　　　C.预收账款　　　D.预付账款

9.下列项目中,属于所有者权益的有（　　）。

A.长期借款　　　B.银行存款　　　C.应付账款　　　D.未分配利润

10.将资本公积转增为资本的经济业务使企业的（　　）。

A.资产和所有者权益同时增加　　　B.资产和负债同时增加

C.负债增加,所有者权益减少　　　D.所有者权益一增一减

11.某公司资产总额为 60 000 元,负债总额为 30 000 元,以银行存款 20 000 元偿还短期借款,并以银行存款 15 000 元购买设备,则上述业务入账后该公司的资产总额为（　　）。

A.30 000　　　B.40 000　　　C.25 000　　　D.15 000

12.某公司 6 月初的资产总额为 150 000 元,负债总额为 50 000 元。6 月份发生下列业务:取得收入 60 000 元,发生费用 40 000 元,则 6 月末企业所有者权益总额为（　　）。

A.120 000　　　B.170 000　　　C.160 000　　　D.100 000

13.企业以银行存款偿还债务,表现为（　　）。

A.资产总额增加　　　　　　　B.资产总额不变

C.资产总额减少　　　　　　　D.资产与负债同时增加

14.会计科目按内容分,"资本公积"属于（　　）科目。

A.资产类　　　B.负债类　　　C.所有者权益类　　　D.损益类

15.会计科目与账户关系下列说法不正确的是（　　）。

A.两者口径一致,性质相同

B.账户是设置会计科目的依据

C.账户具有一定的格式和结构,而会计科目不具有格式和结构

D.没有账户,科目就无法发挥作用

16.（　　）是我国广泛使用的复式记账法。

A.增减记账法　　　B.收付记账法　　　C.借贷记账法　　　D.试算平衡法

17.在借贷记账法下,"借"表示（　　）。

A.资产的减少或权益的增加　　　　　B.资产的增加或权益的增加

    C. 资产的减少或权益的减少　　　　　　D. 资产的增加或权益的减少

18. 在实际工作中,是通过(　　)来确定会计分录的。

    A. 编制原始凭证　　　　　　　　　　B. 编制记账凭证

    C. 设置账簿　　　　　　　　　　　　D. 设置会计科目

19. 某企业购进原材料5 000元,其中3 000元已用银行存款支付,余款暂欠。该项经济业务,应编制(　　)分录。

    A. 一借一贷　　　　B. 多借多贷　　　　C. 一借多贷　　　　D. 一贷多借

20. 在复式记账法下,每一项经济业务发生,都会影响(　　)账户发生增减变化。

    A. 两个　　　　　　　　　　　　　　B. 两个或两个以上

    C. 一个　　　　　　　　　　　　　　D. 至少三个

(三)多项选择题

1. 下列各项中,属于会计等式的有(　　)。

    A. 资产=负债+所有者权益

    B. 收入-费用=利润

    C. 借方发生额=贷方发生额

    D. 期初余额+本期增加额-本期减少额=期末余额

2. 留存收益包括(　　)。

    A. 应付利润　　　　B. 资本公积　　　　C. 盈余公积　　　　D. 未分配利润

3. 反映财务状况的会计要素有(　　)。

    A. 资产　　　　　　B. 负债　　　　　　C. 所有者权益　　　D. 利润

4. 会计等式揭示了会计要素之间的内在关系,是(　　)理论依据。

    A. 设置账户　　　　　　　　　　　　B. 复式记账

    C. 编制会计报表　　　　　　　　　　D. 财产清查

5. 在设置会计科目时,应遵守(　　)原则。

    A. 真实性　　　　　B. 合法性　　　　　C. 相关性　　　　　D. 实用性

6. 下列属于资产类账户的有(　　)。

    A. 固定资产　　　　B. 应收账款　　　　C. 预收账款　　　　D. 原材料

7. 下列属于总分类科目的有(　　)。

    A. 原材料　　　　　B. 甲材料　　　　　C. 应付账款　　　　D. 资本公积

8. 期间费用包括(　　)。

    A. 管理费用　　　　B. 财务费用　　　　C. 制造费用　　　　D. 销售费用

9. 会计分录的基本要素(　　)。

    A. 记账时间　　　　B. 记账符号　　　　C. 记账金额　　　　D. 会计科目

10. 试算平衡无法发现的错误有(　　)。

    A. 用错账户名称　　　　　　　　　　B. 漏记某项经济业务

    C. 重记某项经济业务　　　　　　　　D. 记账方向颠倒

二、单项任务实训

    (一)确认会计要素和会计科目

    1. 资料:某企业发生下列经济业务:

(1)出纳处的现金 50 000 元。

(2)存放银行的存款 100 000 元。

(3)投资者投入资本 3 700 000 元。

(4)向银行借入两年期的长期借款 500 000 元。

(5)仓库存放的材料 150 000 元。

(6)向银行借入 6 个月的借款 200 000 元。

(7)应付外单位的货款 100 000 元。

(8)机器设备价值 500 000 元。

(9)房屋及建筑物价值 3 000 000 元。

(10)应收销货款 100 000 元。

(11)仓库存放的商品 200 000 元。

(12)以前年度积累的未分配利润 150 000 元。

(13)正在加工中的产品 50 000 元。

(14)对外长期股票投资 500 000 元。

2. 要求:确认上述经济业务的会计科目名称及所属会计要素,并填入下表。

题号	会计科目	金额		
		资产	负债	所有者权益
合计				

(二)分析经济业务发生对会计要素产生的影响

1. 资料:某企业 2009 年 8 月 31 日的资产总额为 500 000 元,负债总额为 200 000 元,所有者权益总额为 300 000 元。9 月份发生下列经济业务:

(1)用银行存款购入机器一台,价值 80 000 元。

(2)投资者投入原材料 10 000 元。

(3)用银行存款偿还前欠供货单位货款 50 000 元。

(4)提取现金 10 000 元,备用。

2.要求:分析上述经济业务对会计要素产生影响的类型,并计算 9 月末企业资产总额、负债总额、所有者权益总额。

(三)编制会计分录

1.资料:某企业 2009 年 10 月发生下列经济业务:

(1)购入原材料 20 000 元,货款用银行存款支付。

(2)从银行提取现金 5 000 元,备用。

(3)收到投资者投入资本 100 000 元,存入银行。

(4)用银行存款偿还前欠供货单位货款 50 000 元。

(5)向银行借入一年期借款 100 000 元,存入银行。

(6)用盈余公积转增为资本金 50 000 元。

2.要求:编制上述经济业务的会计分录。

项目三

日常会计工作

≫ ≫ ≫ ≫

知识目标

1. 了解会计凭证的分类;
2. 了解账簿的分类与设置方法;
3. 了解会计账务处理程序的分类、特点;
4. 掌握会计凭证的填制与审核方法;
5. 掌握账簿的登记方法;
6. 掌握错账更正方法。

能力目标

1. 能根据不同性质的经济业务填制原始凭证;
2. 能对原始凭证进行审核;
3. 会根据审核无误原始凭证编制记账凭证;
4. 能对记账凭证进行审核;
5. 能选用账务处理程序;
6. 会根据审核无误记账凭证登记账簿;
7. 会更正错账;
8. 能对会计凭证分类保管。

重点

会计凭证填制和审核;日记账和分类账的登记方法;错账更正方法。

难点

会计凭证填制和审核;错账更正方法。

项目引言

填制和审核会计凭证、登记会计账簿,是日常会计工作的重要内容。会计人员根据企业已经设置的会计科目和账户,对每一会计期间发生的经济业务,运用复式记账原理,填制和审核会计凭证,根据审核无误的会计凭证登记账簿,以便为期末会计工作提供真实正确的会计数据资料。

通过对天翼公司(制造业企业,增值税一般纳税人,所得税税率25％)2009年12月发生的经济业务账务处理的学习,加强对填制和审核会计凭证、登记账簿等会计核算方法的理解和掌握。

任务一　填制和审核会计凭证

任务描述

1.原始凭证填制和审核;

2.记账凭证填制和审核;

3.对天翼公司2009年12月发生的经济业务编制记账凭证,并对记账凭证进行审核;

4.对会计凭证进行保管。

学习内容

学习内容一:认识会计凭证

一、会计凭证的概念

会计凭证简称凭证,是记录经济业务,明确经济责任,作为记账依据的一种书面证明。填制和审核会计凭证是进行会计核算、实行会计监督的一种专门方法。

企业发生的各项经济业务,经办人员都要按规定,以书面形式记录和证明经济业务的性质、日期、内容、数量和金额等,并签名盖章,有的凭证还需要加盖公章,以明确经济责任,并对经济业务的真实性和正确性负责。

二、会计凭证的意义

填制和审核会计凭证是会计核算的基本方法之一,也是会计核算工作的起点。会计凭证在会计核算中具有以下重要意义。

(一)记录经济业务,提供记账依据

会计凭证是登记账簿的依据,会计凭证所记录的有关信息是否真实、可靠、及时,对于能否保证会计信息质量,具有至关重要的影响。

(二)明确经济责任,强化内部控制

任何会计凭证除记录有关经济业务的基本内容外,还必须由有关部门和人员签章,对会计凭证所记录经济业务的真实性、完整性、合法性负责,以防止舞弊行为,强化内部控制。

(三)监督经济活动,控制经济运行

通过会计凭证的审核,可以查明每一项经济业务是否符合国家有关法律、法规、制度规定,是否符合计划、预算进度,是否有违法乱纪、铺张浪费行为等。对于查出的问题,应积极采取措施予以纠正,实现对经济活动的事中控制,保证经济活动的健康运行。

三、会计凭证的种类

会计凭证按其填制的程序和用途不同,可分为原始凭证和记账凭证两类。

(一)原始凭证

原始凭证又称单据,是在经济业务发生或完成时取得或填制的,用以记录或证明经济业务的发生或完成情况的书面证明。原始凭证是经济业务发生的原始证明,是会计核算的原始资料,也是填制记账凭证的依据。

温馨提示:在实际工作中,有一些单证、合同也反映会计主体的经济活动,如销售合同、材料申购单等,但它们只是反映预期的、尚未完成的经济业务,而原始凭证所反映的是会计主体已经完成或已经执行的经济业务,因此这些合同、单证不是原始凭证,不能单独作为会计记账的依据。

1.原始凭证按照来源不同,分为外来原始凭证和自制原始凭证

(1)外来原始凭证。它是指在经济业务发生或完成时,从外单位或个人取得的凭证,如购买货物取得的购货发票(格式和内容如表 3-1 所示)、增值税专用发票(格式和内容如表3-2所示)、职工出差取得的飞机票、火车票等。

(2)自制原始凭证。它是指由本单位内部经办业务的部门和个人,在执行或完成某项经济业务时填制的、仅供本单位内部使用的原始凭证,如收料单(格式和内容如表 3-3 所示)、领料单(格式和内容如表 3-4 所示)、限额领料单(格式和内容如表 3-5 所示)、产品入库单、产品出库单、借款单、工资发放明细表、制造费用分配表等。

【学中做 3-1-1】 请你列举外来原始凭证和自制原始凭证。

2.原始凭证按照填制手续及内容不同,分为一次凭证、累计凭证、汇总凭证、记账编制凭证

(1)一次凭证。它是指一次填制完成、只记录一笔经济业务的原始凭证,如各种外来原始凭证是一次凭证;自制原始凭证如领料单、职工借款单、购进材料入库单以及根据账簿记录和经济业务需要编制的材料费用分配表等都是一次凭证。

(2)累计凭证。它是指一定时期内连续记录若干项同类经济业务的自制原始凭证。这类凭证的填制手续不是一次完成的,而是随着经济业务的发生而分次进行的,如企业为了控制生产成本和费用而设置的限额领料单。

(3)汇总凭证,也称原始凭证汇总表。它是指根据一定时期内,若干相同的原始凭证汇总编制而成的原始凭证。常用的汇总凭证有收料凭证汇总表、发料凭证汇总表(格式和内容如表 3-6 所示)、工资结算汇总表、差旅费报销单等。汇总凭证合并了同类经济业务,简化了记账工作量,在大中型企业中使用非常广泛。

(4)记账编制凭证。它是根据账簿记录和经济业务的需要,把某一项经济业务加以归

类、整理而重新编制的一种自制会计凭证。例如在计算产品成本时,编制的"制造费用分配表"(格式和内容如表 3-7 所示),就是根据制造费用明细账记录的数字按费用的用途填制的。

3. 原始凭证按照格式不同,分为通用凭证和专用凭证

(1)通用凭证。它是指由有关部门统一印制、在一定范围内使用的统一格式和使用方法的原始凭证。如某省(市)印制的"发票"、"收据"等,在该省市通用;由人民银行制作的银行转账结算凭证,在全国通用等。

(2)专用凭证。它是指由单位自行印制、仅在本单位内部使用的原始凭证,如"限额领料单"、"差旅费报销单"、"折旧计算表"、"工资费用分配表"等。

原始凭证的分类如图 3-1 所示。

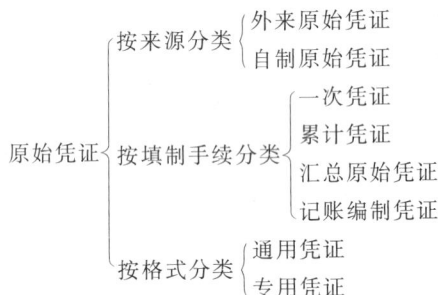

图 3-1　原始凭证的分类

(二)记账凭证

记账凭证是会计人员根据审核无误的原始凭证,记载经济业务简要内容,并据以确定会计分录后所填制的会计凭证。它是登记账簿的直接依据。

1. 记账凭证按其适用范围不同,分为专用记账凭证和通用记账凭证

(1)专用记账凭证是指专门用于记录某一类经济业务的记账凭证。按其所记录的经济业务是否与现金、银行存款收付有关,又分为收款凭证、付款凭证和转账凭证三种。

收款凭证,是用来记录现金和银行存款收款业务的记账凭证,是由出纳人员根据审核无误的原始凭证收款后填制的。收款凭证又可分为现金收款凭证和银行存款收款凭证(格式和内容如表 3-8 所示)。

付款凭证,是用来记录现金和银行存款付出业务的记账凭证,是由出纳人员根据审核无误的原始凭证付款后填制的。付款凭证又可分为现金付款凭证和银行存款付款凭证(格式和内容如表 3-9 所示)。

转账凭证,是用来记录与现金、银行存款无关的转账业务的凭证,是由会计人员根据审核无误的转账业务原始凭证填制的(格式和内容如表 3-10 所示)。

【学中做 3-1-2】 "从银行提取现金"或者"将现金存入银行",应分别编制何种记账凭证?

(2)通用记账凭证是指以一种格式记录全部经济业务的记账凭证。采用通用记账凭证的经济单位,不再根据经济业务的内容分别填制收款凭证、付款凭证和转账凭证。

2. 记账凭证按照填制方式不同,分为复式记账凭证和单式记账凭证

(1)复式记账凭证,是将一项经济业务所涉及的应借、应贷的各个会计科目,都集中填

列在一张记账凭证上。它可以集中反映账户的对应关系,便于了解经济业务的来龙去脉;可以减少记账凭证的张数,但是不便于汇总计算每一会计科目的发生额,不便于分工记账,收款凭证、付款凭证和转账凭证都属于复式记账凭证,其格式就是复式记账凭证的格式。

(2)单式记账凭证,是将一项经济业务所涉及的每个会计科目分别填制凭证,即每张记账凭证只填一个会计科目,或者说每一项经济业务要分别填制两张或两张以上借项记账凭证和贷项记账凭证。它便于汇总每一会计科目的发生额,便于分工记账;但不能在一张凭证上反映一项经济业务的全貌,不便于查账,而且记账凭证数量多,填制工作量大。

3.记账凭证按照是否汇总分类,分为汇总记账凭证和非汇总记账凭证

(1)汇总记账凭证

汇总记账凭证是指将反映同类经济业务或多类经济业务的记账凭证按一定的方法汇总填制的记账凭证。汇总记账凭证按汇总方法不同又可分为分类汇总凭证和全部汇总凭证。

分类汇总凭证是根据一定期间的记账凭证按其种类分别汇总填制的,如根据现金或银行存款的收款凭证汇总填制的"现金汇总收款凭证"和"银行存款汇总收款凭证",根据现金或银行存款的付款凭证汇总填制的"现金汇总付款凭证"和"银行存款汇总付款凭证",以及根据转账凭证汇总填制的"汇总转账凭证"等都是分类汇总凭证。

全部汇总凭证是根据一定期间的记账凭证全部汇总填制的,如"科目汇总表"就是全部汇总凭证。

(2)非汇总记账凭证

非汇总记账凭证是没有经过汇总的记账凭证,如前述的收款凭证、付款凭证和转账凭证以及通用记账凭证都是非汇总记账凭证。

记账凭证的分类如图 3-2 所示。

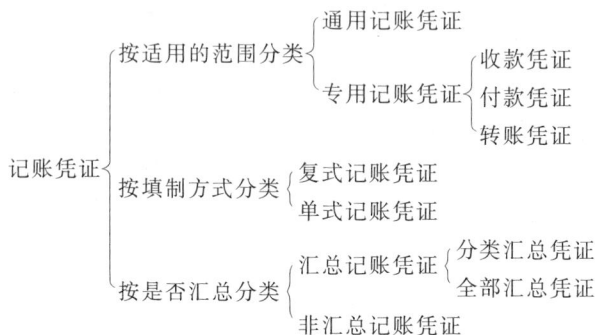

图 3-2 记账凭证的分类

学习内容二:原始凭证的填制与审核

一、原始凭证的基本内容

由于经济业务的种类和内容不同,经营管理的要求不同,原始凭证的格式和内容也千差万别。但所有的原始凭证都应具备下列基本内容(也称原始凭证要素)。

（一）原始凭证的名称。

（二）填制原始凭证的日期。

（三）接受原始凭证单位名称。

（四）经济业务的内容（经济业务摘要、数量、单价和金额）。

（五）填制单位签章。

（六）有关人员签章。

（七）凭证附件。

二、原始凭证的填制

（一）原始凭证的填制要求

1. 记录真实

原始凭证上填列的经济业务内容、数字，必须真实可靠，符合有关经济业务的实际情况，不得弄虚作假，更不得伪造凭证。

2. 内容完整

原始凭证所要求填列的内容必须逐项填写齐全，不得遗漏和省略。

3. 手续完备

单位自制的原始凭证必须有经办业务的部门和人员签名盖章；对外开出的原始凭证必须加盖本单位公章等；从外部取得的原始凭证必须盖有填制单位的公章。总之，取得的原始凭证必须符合手续完备的要求，以明确经济责任，确保凭证的合法性、真实性。

4. 书写清楚、规范

原始凭证的书写要用蓝色或黑色墨水（套写的可用圆珠笔），填写支票必须用碳素墨水笔。文字要简要，字迹要工整、清楚、易于辨认，不得使用未经国务院公布的简化字。凡填有大写和小写金额的原始凭证，大、小写金额必须相符；大、小写必须符合规范。

汉字大写数字金额一律用零、壹、贰、叁、肆、伍、陆、柒、捌、玖、拾、佰、仟、万、亿等，用正楷或者行书体书写，不得乱造简化字，不得用0、一、二、三、四、五、六、七、八、九、十等代替。大写金额数字到元或者角为止的，在"元"或者"角"字之后应当写"整"或者"正"字；大写金额数字有分的，"分"字后面不写"整"或者"正"字。大写金额前未印有货币名称的，应当加填货币名称，货币名称与金额数字之间不得保留有空白。阿拉伯金额数字中间有"0"，汉字大写金额可以只写一个"零"字；阿拉伯金额数字中间连续有几个"0"时，汉字大写金额可以只写一个"零"字；阿拉伯数字元位是"0"，或者数字中间连续有几个"0"，元位也是"0"，但角位不是"0"时，汉字大写金额可以只写一个"零"字，也可以不写"零"字。如￥5601、￥60054.16、￥89610、￥8900.15写为大写金额时应分别写为：人民币伍仟陆佰零壹元整；人民币陆万零伍拾肆元壹角陆分；人民币捌万玖仟陆佰壹拾元整；人民币捌仟玖佰零壹角伍分或人民币捌仟玖佰壹角伍分。

阿拉伯数字得一个一个地写，不得连笔写。阿拉伯数字前应书写货币币种符号或者货币名称简写和币种符号。人民币符号是"￥"，用外币结算的凭证必须填写外币符号，如"US$"等。在币种符号"￥"或"US$"与阿拉伯数字之间不得留有空白。阿拉伯数字前写有币种符号的，数字后面不再写货币单位。

所有以元为单位（其他货币种类为货币基本单位，下同）的阿拉伯数字，除表示单价等情况外,一律填写到角分;无角分的,角位和分位可写"00",或者符号"——";有角无分的,分位应写"0",不得用符号"—"代替。

5.不得随意涂改、刮擦、挖补

原始凭证记载的各项内容均不得涂改。原始凭证有错误的,应当由出具单位重开或者更正,更正处应当加盖出具单位印章。原始凭证金额有错误的,应当由出具单位重开,不得在原始凭证上更正。

6.编号连续

原始凭证要连续编号,以便查核。如果各种原始凭证已预先印定编号,在写坏作废时,应加盖"作废"戳记,并妥善保管,不得撕毁。

7.填制及时

原始凭证的填制应当及时,并按规定的程序及时送交会计机构,会计人员审核并据以填制记账凭证。

【学中做 3-1-3】 考考自己能否写出一到十的大写。

(二)原始凭证的填制方法

1.外来原始凭证的填制

企业购买货物时,应从销货单位取得发票。在正常经营活动中正常使用的发票有两种,即普通发票和增值税专用发票。普通发票反映的价格是含税价;增值税专用发票反映的是不含税价,即增值税款与价格分开填列。

(1)普通发票的填制

普通发票填制如表 3-1 所示。

表 3-1　北京市商业企业专用发票

发票代码 111000512031

付款单位:天翼公司　　　　　　　　支票号:551　　　　　发票号码 23008726

编号	商品名称	规格	单位	数量	单价	金　额						
						十	万	千	百	十	元	角	分
	海尔空调	LX200	台	1	20 000		2	0	0	0	0	0	0
小　写　金　额　合　计						￥	2	0	0	0	0	0	0
大写金额		人民币贰万元整											

收款单位:长江电器商店(盖章)　　　　　开票人:张丽　　　　2009 年 6 月 4 日

(2)增值税专用发票的填制

增值税专用发票是一般纳税人于销售货物时开具的销货发票,一式四联,销货单位和购货单位各执两联。销货单位的两联中,一联留存在有关业务部门,一联为会计机构的记账凭证;购货单位的两联中,一联作为购货单位的结算凭证,一联作为税款抵扣凭证。增值税专用发票填制如表 3-2 所示。

表 3-2　增值税专用发票

开票日期:2009 年 6 月 7 日　　　　　　　　　　　　　　　　　　　No. 2939351

购货单位	名　称	天翼公司		纳税人登记号							205155655587									
	地址电话	21008888		开户银行及账号							工商银行新兴路分理处									
货物或应税劳务名称	计量单位	数量	单价	金额									税率(%)	税额							
				百	十	万	千	百	十	元	角	分		百	十	万	千	百	十	元	角	分
甲材料	吨	7	650				4	5	5	0	0	0	17					7	7	3	5	0
合　计				¥			4	5	5	0	0	0		¥					7	7	3	5	0
价税合计(大写)	人民币伍仟叁佰贰拾叁元伍角零分											¥5 323.50										
销货单位	名　称	海丰工厂		纳税人登记号							101022581506									
	地址电话	北京市金顶路 3 号		开户银行及账号							工商银行石景山分理处									

收款人:×××　　　复核:×××　　　开票人:×××　　　销货单位(未盖章无效)

温馨提示:外来原始凭证一般由税务局等部门统一印刷,或经税务部门批准由经营单位印制,在填制时加盖出据单位公章方有效。

2.自制原始凭证的填制

(1)一次凭证的填制

下面以"收料单"和"领料单"为例,介绍一次凭证的填列方法。

①"收料单"的填制。"收料单"是企业购进材料验收入库时,由仓库保管人员根据供货单位开出的发票账单和购入材料的实际验收情况填制的单据。"收料单"通常一料一单,一式三联,一联留仓库据以登记材料明细账或材料卡片;一联随发票账单送到会计部门报账;一联交采购人员存查。"收料单"填制如表 3-3 所示。

表 3-3　收料单

供货单位:宏迪薄板厂　　　　　　　　　　　　　　　　　凭证编号:0334

发票编号:00064488　　　　　　　2009 年 6 月 25 日　　　收料仓库:5 号库

材料类别	材料编号	材料名称及规格	计量单位	数量		金额(元)			
				应收	实收	单价	买价	运杂费	合计
板材	2855	薄板	张	400	400	233	93 200	500	93 700
备注:						合　计			93 700

仓库负责人:李贝　　　　　　仓库保管员:王洪　　　　　　收料人:方玉

②"领料单"的填制。"领料单"是车间或部门从仓库中领用各种材料时,由领料经办人填写的一次性原始凭证。车间或部门的领料经办人应根据材料的实际需要情况,并经该单

位主管领导批准到仓库领用材料。仓库保管员要审核材料的用途,认真计量和发放材料,并在领料单上签章。"领料单"一般都是一料一单,一式三联,一联留领料单位备查,一联留仓库据以登记材料明细,一联转交会计部门作为材料分类核算的依据。"领料单"填制如表3-4所示。

表 3-4 领料单

领料部门:一车间   凭证编号:0355

用 途:甲产品   2009 年 6 月 23 日   发料仓库:5 号库

材料类别	材料编号	材料名称及规格	计量单位	数量		单价	金额
				请领	实发		
塑料板	098	10mm 透明板	张	200	200	8.50	1 700.00
备注:						合计	1 700.00

仓库负责人:李贝   仓库保管员:王洪   领料部门负责人:张力   领料:钱一

(2)累计凭证的填制

典型的累计凭证是企业的限额领料单。在限额领料单中,规定某种材料在一定时期内的领用限额。每次领料,在凭证上逐笔登记,并随时结出累计领用量。到期末再计算本期领用的实际数量和金额,送交有关部门,作为会计核算的依据。使用这种凭证,既可以对领用材料进行事前控制,又可以减少凭证的填制手续。"限额领料单"填制如表3-5所示。

表 3-5 限额领料单

领料部门:维修科   编 号:0110

用 途:修理设备   2009 年 6 月   发料仓库:1 号库

供应部门负责人:×××   生产计划部门负责人:×××   仓库负责人:×××

材料类别	材料编号	材料名称及规格	计量单位	领用限额	实际领用			备注
					数量	单价	金额	
	0321	甲材料	吨	400	400	700	280 000	

日期	请领		实发			退回		限额结余
	数量	领料单位负责人	数量	发料人	领料人	数量	领料人	
2	200	×××	200	××	××			200
10	100	×××	100	××	××			100
21	70	×××	70	××	××			30
25	30	×××	30	××	××			0
合计	400		400					

(3)汇总凭证的填制

常用的汇总凭证有收料凭证汇总表、发料凭证汇总表、工资结算汇总表、差旅费报销单等。"发料凭证汇总表"填制如表3-6所示。

表3-6 发料凭证汇总表 　　　　　　　　　　　第1号

2009年6月 　　　　　　　　　　　附件66张

日期	领料单张数	贷方科目:原材料	借方科目	
			生产成本	制造费用
1—10	20	296 000	221 000	75 000
11—20	10	668 600	650 000	18 600
21—31	36	350 000	350 000	
合　计	66	1 314 600	1221 000	93 600

会计主管:×××　　　　记账:×××　　　　复核:×××　　　　填制:李方

（4）记账编制凭证的填制

记账编制凭证填制如表3-7所示。

表3-7 制造费用分配表

2009年6月31日 　　　　　　　　　　　单位:元

产品名称	分配标准(生产工时)	分配率	分配金额
甲产品	7 000	6	42 000
乙产品	3 000	6	18 000
合　计	10 000		60 000

主管:陈磊　　　　　　　制表:李达　　　　　　　审核:姜云

三、原始凭证的审核

为了如实反映经济业务的发生和完成情况,充分发挥会计的监督职能,保证会计信息的真实性、可靠性和正确性,应由有关人员严格审核原始凭证。

（一）原始凭证的审核内容

1.真实性

审核凭证日期是否真实、业务内容是否真实、数据是否真实;外来原始凭证,必须有填制单位公章和填制人员签章;自制原始凭证,必须有经办部门和经办人员的签章。

2.合法性

审核原始凭证所记录的经济业务是否符合国家法律法规,有否违反财经制度的现象,如经审核原始凭证后确定有多计或少计收入、费用,擅自扩大开支范围、提高开支标准,巧立名目、虚报冒领,滥发奖金、津贴等违反财经制度和财经纪律的情况,不能作为合法的原始凭证。

3.合理性

审核所发生的经济业务是否符合企业生产经营活动的需要,是否符合有关的计划和预算等。如经审核原始凭证后确定有使用预算结余购买不需要的物品,有对陈旧过时设备进行大修理等违反上述原则的情况,不能作为合理的原始凭证。

4.完整性

审核原始凭证各项基本要素是否齐全,是否有漏项情况,日期是否完整,数字是否清晰,文字是否工整,有关人员签章是否齐全,凭证联次是否正确等。

5.正确性

审核原始凭证各项计算及其相关部分是否正确。如经审核凭证后确定有业务内容摘要与数量、金额不相对应,业务所涉及的数量与单价的乘积与金额不符,金额合计错误等情况,不能作为正确的原始凭证。

6.及时性

审核原始凭证的填制日期,尤其是银行本票、支票等时效性较强的原始凭证,更应仔细验证其签发日期。

(二)原始凭证审核结果的处理

原始凭证的审核是一项十分重要、严肃的工作,应根据不同的审核结果,进行不同的处理。

1.及时办理

对于完全符合要求的原始凭证,应及时据以编制记账凭证入账。

2.暂缓办理

对于真实、合法、合理但内容不够完整、计算有错误的原始凭证,应退回给有关经办人员,由其负责将有关凭证补充完整、更正错误或重开后,再办理正式会计手续。

3.拒绝接受

对于不真实、不合法的原始凭证,会计机构、会计人员应按规定拒绝办理会计手续,责成业务经办单位或人员自行负担其后果;对于弄虚作假、营私舞弊、欺骗上级等违法乱纪行为,应依据法律规定,坚决拒绝执行,并向单位负责人反映情况。

学习内容三:记账凭证的填制与审核

一、记账凭证的基本内容

(一)记账凭证的名称

(二)填制记账凭证的日期

(三)记账凭证编号

(四)经济业务事项的内容摘要

(五)会计科目及记账方向

(六)经济业务事项的金额

(七)记账标记

(八)所附原始凭证张数

(九)会计主管、记账、审核、出纳、制单等有关人员的签章

二、记账凭证的填制

(一)记账凭证的填制要求

记账凭证的填制除了与上述原始凭证填制要求基本相同外,还必须注意以下几个方面。

1.填制要有依据

记账凭证必须根据审核无误的原始凭证填制。记账凭证可以根据每一张原始凭证填制,或根据若干张同类原始凭证汇总填制,也可以根据汇总原始凭证填制。但不同内容和类别的原始凭证不能汇总填列在一张记账凭证上,否则,无法反映经济业务的来龙去脉和账户的对应关系。

2.凭证日期正确

收、付款凭证应按照货币资金收付的日期填写;转账凭证原则上应按收到原始凭证的日期填写。如果一份转账凭证依据不同日期的原始凭证填制时,可按填制凭证的日期填写。在月终时,有些转账业务要等到下月初方可填制凭证,也可按月末的日期填写。

3.凭证摘要简明

对于收付款项应写明收付对象、结算种类、支票号码和款项主要内容;财产、物资收付事项应写明物资名称、计量单位、规格、数量、收付单位;往来款项要写明对方单位、业务经办人和款项内容。

4.会计科目准确

每张记账凭证只能反映一项经济业务,除少数特殊业务必须将几个会计科目填在一份记账凭证外,一般不得将不同经济业务的原始凭证汇总填制多借多贷对应关系不清的记账凭证。

5.附件数量完整

记账凭证必须根据审核无误的原始凭证填制,除结账和更正错误的记账凭证可以不附原始凭证外,其他记账凭证必须附有原始凭证,并注明所附原始凭证的张数。如果一张原始凭证涉及几张记账凭证,可以把原始凭证附在一张主要的记账凭证后面,未附原始凭证的记账凭证上注明"附件××张,见第××号记账凭证"或附原始凭证复印件。

6.错误更正规范

如果在填制凭证时发生差错,应当重新填制。如果已经登记入账的记账凭证在当年内发现填写错误时,可以用红字填写一张与原内容相同的记账凭证,在摘要栏注明"注销某月某日某号凭证",同时再用蓝字重新填制一张正确的记账凭证,注明"订正某月某日某号凭证"。如果会计科目没有错误,只是金额错误,也可以将正确数字与错误数字之间的差额,另编一张调整的记账凭证,调增金额用蓝字,调减金额用红字。发现以前年度记账凭证有错误的,应当用蓝字填制一张更正的记账凭证。

7.凭证连续编号

记账凭证在一个月内应当连续编号,以便记账凭证与会计账簿核对,确保记账凭证完整无缺。编号的方法可采用收款、付款、转账凭证分三类编号,也可以采用现金收款、现金付款、银行存款收款、银行存款付款和转账凭证分五类编号,还可以采用通用记账凭证统一编号的形式。一笔业务需要填制两张或两张以上记账凭证的,可以采用分数编号法,如25号会计事项的会计分录需要填制三张记账凭证,即可编制25(1/3)号、25(2/3)号和25(3/3)号。每月最后一张记账凭证的编号旁边,应加注"全"字,以免凭证散失。

8.空行划线注销

记账凭证填写完经济业务事项后,应当自金额栏最后一笔金额数字下的空行处至合计数上的空行处划线注销,以堵塞漏洞,严密会计核算手续。

9.凭证内容完备

记账凭证填写后,应进行复核和检查,有关人员均要签名或盖章。出纳人员根据收、付款凭证收入或付出款项时,应在凭证上加盖"收讫"或"付讫"的戳记,以免重收重付,出现差错。记账凭证入账后,应在过账栏作"√"符号或注明登记入账的页数,防止重复记账或漏记。

10.机制记账凭证的要求

进行会计电算化的单位,采用的机制记账凭证应当符合记账凭证的一般要求,打印出来的机制记账凭证要加盖有关人员印章或签名,以加强审核、明确责任。

【学中做3-1-4】　登账前和登账后发现记账凭证有错误,分别作如何处理?

（二）专用记账凭证的填制

1.收款凭证的填制

在收款凭证左上方所填列的借方科目,应是"库存现金"或"银行存款"科目。在凭证内所反映的贷方科目,应填列与"库存现金"或"银行存款"相对应的科目。金额栏填列经济业务实际发生的数额,在凭证的右侧填写所附原始凭证张数,并在出纳及制单处签名或盖章。出纳人员根据收款凭证收款时,要在凭证上加盖"收讫"戳记,以免重收,防止差错。若该凭证已登记账薄,应在"记账"栏作标记如"√",以防止经济业务重记或漏记。收款凭证编制如表3-8所示。

表3-8　收款凭证

借方科目:银行存款　　　　　　　　　2009年6月5日　　　　　　　　　银收字第16号

摘要	会计科目		记账	金额									
	一级科目	二级及明细科目		千	百	十	万	千	百	十	元	角	分
售出甲产品10件	主营业务收入	略					2	0	0	0	0	0	0
合计				¥	2	0	0	0	0	0	0		

附件2张

财务主管:×××　　　记账:×××　　　审核:×××　　　出纳:×××　　　制单:王一

2.付款凭证的填制

在借贷记账法下,付款凭证的设证科目是贷方科目,在付款凭证左上方所填列的贷方科目,就是"库存现金"或"银行存款"科目。在凭证内所反映的借方科目,应填列与"库存现金"或"银行存款"相对应的科目。金额栏填列经济业务实际发生的数额,在凭证的右侧填写所附原始凭证的张数,并在出纳及制单处签名或盖章。出纳人员根据付款凭证付款时,要在凭证上加盖"付讫"戳记,以免重付,防止差错。收款凭证编制如表3-9所示。

表 3-9　付款凭证

贷方科目:银行存款　　　　　　　　2009 年 6 月 8 日　　　　　　　　银付字第 13 号

摘要	会计科目		记账	金　　额										附件6张
	一级科目	二级及明细科目		千	百	十	万	千	百	十	元	角	分	
购入材料一批	原材料	略					5	0	0	0	0	0	0	
合　计							¥ 5	0	0	0	0	0	0	

财务主管:×××　　　记账:×××　　　审核:×××　　　出纳:×××　　　制单:王一

　　温馨提示:对于涉及"库存现金"和"银行存款"之间的经济业务,一般只编制付款凭证,不编制收款凭证。

3.转账凭证的填制

在借贷记账法下,将经济业务所涉及的会计科目全部填列在凭证内,借方科目在先,贷方科目在后,将各会计科目所记应借应贷的金额填列在"借方金额"或"贷方金额"栏内。借、贷金额合计数应该相等。制单人应在填制凭证后签名盖章,并在凭证的右侧填写所附原始凭证的张数。转账凭证填制如表 3-10 所示。

表 3-10　转账凭证

2009 年 6 月 10 日　　　　　　　　　　　　　　　　转字第 110 号

摘要	会计科目		记账	借方金额										贷方金额										附件1张
	一级科目	二级及明细科目		千	百	十	万	千	百	十	元	角	分	千	百	十	万	千	百	十	元	角	分	
计提本月折旧	制造费用	略						7	0	0	0	0	0											
	管理费用	略						3	0	0	0	0	0											
	累计折旧																1	0	0	0	0	0	0	
合计					¥ 1	0	0	0	0	0	0				¥ 1	0	0	0	0	0	0			

财务主管:×××　　　记账:×××　　　审核:×××　　　制单:刘峰

【学中做 3-1-5】　张三报销差旅费 800 元,交回多余现金 200 元。该项经济业务,应编制何种记账凭证?

(三)通用记账凭证的填制

通用记账凭证是一种适合各种经济业务的记账凭证。采用通用记账凭证,将经济业务所涉及的会计科目全部填列在凭证内,借方在先、贷方在后,将各会计科目所记应借应贷的金额填列在"借方金额"或"贷方金额"栏内。借、贷方金额合计数应相等。制单人应在填制凭证完毕后签名盖章,并在凭证右侧填写所附原始凭证的张数。通用记账凭证填制如表3-11所示。

表 3-11　通用记账凭证

2009 年 6 月 15 日　　　　　　　　　　　　　凭证编号 03100 号

摘要	会计科目		记账	借方金额										贷方金额									
	一级科目	二级及明细科目		千	百	十	万	千	百	十	元	角	分	千	百	十	万	千	百	十	元	角	分
销售产品一批	银行存款						2	0	0	0	0	0	0										
	主营业务收入																2	0	0	0	0	0	0
合计					¥	2	0	0	0	0	0	0			¥	2	0	0	0	0	0	0	

附件 2 张

财务主管:×××　　　记账:×××　　　审核:×××　　　出纳:×××　　　制单:张林

▷ 温馨提示:在实际工作中,为简化登记总账的工作,可以将一定时期内全部记账凭证汇总编制科目汇总表;或者将一定时期内的各种专用记账凭证分别编制汇总收款凭证、汇总付款凭证、汇总转账凭证(总称汇总记账凭证),并以汇总记账凭证或科目汇总表为依据登记总分类账。

三、记账凭证的审核

为了保证会计信息的质量,在记账之前应由有关稽核人员对记账凭证进行严格的审核。其审核的主要内容有以下几方面。

(一)内容是否真实

审核记账凭证是否有原始凭证为依据,所附原始凭证的内容与记账凭证的内容是否一致,金额是否相等。

(二)项目是否齐全

审核记账凭证各项目的填写是否齐全,如日期、凭证编号、摘要、会计科目、金额、原始凭证的张数及相关人员签章等。

(三)科目是否正确

审核记账凭证的应借、应贷会计科目(包括一级科目、明细科目)是否正确,是否有明确的账户对应关系,所使用的会计科目是否符合国家统一的会计制度的规定等。

(四)金额是否正确

审核记账凭证所记录的金额与原始凭证的有关金额是否一致,计算是否正确,借贷双方的金额是否平衡,明细科目金额之和与相应总账科目的金额是否相等。

(五)书写是否正确

审核记账凭证中文字是否工整,数字是否清晰,是否按规定使用蓝黑墨水或碳素墨水,是否按规定进行更正等。

若发现记账凭证的填制有差错或者填列不完整、签章不齐全,应查明原因,责令更正、补充或重填。只有经过审核无误的记账凭证,才能据以登记账簿。

学习内容四:会计凭证的传递与保管

一、会计凭证的传递

会计凭证的传递是指会计凭证从取得或填制时起,至归档保管整个过程中,在单位有关部门和人员之间的传递程序和传递时间。

1.制定会计凭证的传递流程

规定会计凭证的传递程序,即明确经济业务发生后由谁负责填制这种凭证,交给谁接办该项业务。如果会计凭证是一次数联,则应为每一联规定用途和传递路线。

2.确定会计凭证在各个环节停留的时间

应根据有关部门和人员办理经济业务手续的需要,规定会计凭证传递的时间,既要防止凭证积压,又要避免时间过紧,完成任务匆忙。

3.订立凭证交接的签收制度

为了确保会计凭证的安全和完整,在各个环节中应指定专人办理交接手续,做到责任明确,手续完备、严密、简便易行。各单位要设立传递凭证登记簿,登记制证或接办日期、凭证种类和名称、编号、张数、经办人员签章、交接时间和接班人签章。

二、会计凭证的保管

会计凭证的保管,是指会计凭证登账后的整理、装订、归档和存查工作。对会计凭证的保管,既要做到完整无缺,又要便于翻阅查找。其主要要求有:

(一)定期整理、归类造册

会计部门根据会计凭证记账,应定期(一般每月)将会计凭证加以归类整理,检查有无缺号,附件是否齐全;然后按顺序号排列,折叠整理装订成册,并加具封面;封面上写明单位名称、年度、月份、记账凭证种类、起讫号数、记账凭证张数等,由会计主管及有关人员签章;然后入档保管。会计凭证封面的格式如表 3-12 所示。

表 3-12　会计凭证封面

年 月 份 第 册	(企业名称)
	年　月份　共　　册第　　册
	收款
	付款　　凭证　第　　号至第　　号共　　张
	转账
	附:原始凭证共　　张
	会计主管:　　　　　　　保管:

如果某些记账凭证所附的原始凭证数量过多,也可以单独装订保管,但应在其封面及

有关记账凭证上说明"附件另订"和原始凭证名称及编号。

对于各种重要的原始凭证,如合同、押金收据、契约及涉外文件等重要原始凭证,应另编目录,单独登记保管;并在有关记账凭证和原始凭证上注明"另行保管",以便查核。

(二)及时归档

装订成册的会计凭证,应指定专人负责保管。当年的会计凭证,在会计年度终了后,可暂由本单位会计机构保管一年,期满后应当移交本单位的档案机构统一保管;未设立档案机构的,应当在会计机构内部指定专人保管。出纳人员不得兼管会计档案。会计凭证必须进行科学管理,做到存放有序,妥善保管,查找方便,严格执行安全和保密制度,不得随意堆放,严防毁损、丢失和泄密。

(三)建立借阅手续

已经存档的会计凭证,在需要查阅时,必须经过一定的审批手续。

学习内容五:工业企业主要经济业务核算
——会计凭证的填制和审核

工业企业日常经济业务核算主要包括资金筹集业务核算、固定资产购置业务核算、供应过程业务核算、生产过程业务核算和销售过程业务核算。

根据天翼公司2009年12月发生的经济业务填制和审核会计凭证。

➤温馨提示:下面只对其中三项经济业务进行会计凭证填制和审核,其他经济业务用分录代替记账凭证。在教学中,可对其他经济业务作为"会计凭证填制和审核"实训题目。

一、资金筹集业务核算

筹资活动是导致企业资本结构和债务规模发生变化的经济活动。目前,我国企业资金的三个来源是投资者投入、借款和留存收益。投资者投入资金,形成所有者权益,会计上称之为实收资本;借入资金主要为向银行或其他金融机构借入的款项,会计上称之为短期借款或长期借款;留存收益是将资本公积或盈余公积转增为资本金。现重点介绍投入资本和借入资本的核算。

(一)投入资本的核算

1.账户设置

企业应设置"实收资本"账户或"股本"账户。

2.账务处理

【做中学3-1-1】　12月1日,天翼有限责任公司收到乙公司投入货币资金680 000元。该项经济业务编制的会计分录如下:(银收1号)

借:银行存款　　　　　　　　　　　　　　　　680 000
　　贷:实收资本　　　　　　　　　　　　　　　　680 000

(二)借入资本的核算

1.账户设置

企业应设置"短期借款"账户和"长期借款"账户。

2.账务处理

【做中学 3-1-2】 12 月 5 日,天翼公司向银行借入期限为 6 个月的借款 50 000 元,年利率 6%,借款到期一次还本付息。该项经济业务编制的会计分录如下:(银收 2 号)

借:银行存款　　　　　　　　　　　　　　　　　　　　　　　　　　50 000
　　贷:短期借款　　　　　　　　　　　　　　　　　　　　　　　　　　　　50 000

【做中学 3-1-3】 12 月末,计算本月应负担的短期借款利息。

按权责发生制要求,企业从借款开始的每个月都应当计算当期应负担的利息费用。

则本月计提利息费用为 250 元(50 000×6%÷12)。这项经济业务编制的会计分录如下:(转 1 号)

借:财务费用　　　　　　　　　　　　　　　　　　　　　　　　　　　250
　　贷:应付利息　　　　　　　　　　　　　　　　　　　　　　　　　　　　　250

温馨提示:后 5 个月,每月末做同样的会计分录。但在会计实务中,最后 1 个月的利息不用计提,在还本付息时,编制会计分录如下:

借:短期借款　　　　　　　　　　　　　　　　　　　　　　　　　　50 000
　　应付利息　　　　　　　　　　　　　　　　　　　　　　　　　　　1 250
　　财务费用　　　　　　　　　　　　　　　　　　　　　　　　　　　　250
　　贷:银行存款　　　　　　　　　　　　　　　　　　　　　　　　　　　51 500

【做中学 3-1-4】 12 月 6 日,接银行通知,天翼公司申请期限为三年的长期借款 500 000 元已到账。该项经济业务编制的会计分录如下:(银收 3 号)

借:银行存款　　　　　　　　　　　　　　　　　　　　　　　　　　500 000
　　贷:长期借款　　　　　　　　　　　　　　　　　　　　　　　　　　　500 000

二、固定资产购置业务核算

固定资产应按取得时的实际成本入账。实际成本是指为购建某项固定资产并使之达到预定可使用状态前所发生的一切合理、必要的支出,包括买价、运杂费、包装费和安装费等。

(一)账户设置

1."固定资产"账户

"固定资产"账户用来核算不需要安装、调试,可以直接投入使用的固定资产的原始价值。

2."在建工程"账户

"在建工程"账户用来核算需要安装、调试或自行建造而形成的固定资产的原始价值。

(二)账务处理

【做中学 3-1-5】 12 月 7 日,天翼公司购入不需要安装的机器设备一台,买价 60 000 元,增值税 10 200 元,包装费和运杂费 1 200 元,全部款项已用银行存款支付。该项经济业务编制的会计分录如下:(银付 1 号)

借:固定资产　　　　　　　　　　　　　　　　　　　　　　　　　　61 200
　　应交税费—应交增值税(进项税额)　　　　　　　　　　　　　　　10 200
　　贷:银行存款　　　　　　　　　　　　　　　　　　　　　　　　　　　71 400

温馨提示:自 2009 年 1 月 1 日起,购入生产用的固定资产支付的增值税可以当作进项税额进行抵扣。

【做中学 3-1-6】 12 月 8 日,天翼公司购入需要安装的机器设备一台,买价 10 000 元,增值税 1 700 元,包装费和运杂费 300 元,全部款项已用银行存款支付。在安装过程中,共发生安装费 1 000 元,用银行存款支付。该项经济业务编制的会计分录如下:

购入设备:(银付 2 号)

借:在建工程   10 300

　　应交税费—应交增值税(进项税额)   1 700

　　　贷:银行存款   12 000

支付安装费:(银付 3 号)

借:在建工程   1 000

　　贷:银行存款   1 000

安装完毕,交付使用:(转 2 号)

借:固定资产   11 300

　　贷:在建工程   11 300

三、供应过程经济业务核算

(一)供应过程核算内容

供应过程就是企业采购材料、形成原材料的储备过程。在材料采购过程中,一方面,企业核算材料买价、增值税进项税额和采购费用(运杂费、运输途中合理损耗、入库之前挑选整理费用、相关税金),进而计算材料采购成本;另一方面,企业核算与供货单位及相关单位款项结算情况。增值税一般纳税人的材料采购成本计算公式为:

$$材料采购成本＝买价＋采购费用$$

温馨提示:材料采购成本计算方法详见项目四。

(二)账户设置

1.“在途物资”账户

“在途物资”账户适用于原材料按实际成本核算的企业。该账户用来核算企业已经付款但尚未到达企业,或者已运抵企业但尚未验收入库的外购材料的实际成本。该账户借方登记外购材料采购成本;贷方登记验收入库材料采购成本;期末借方余额表示在途材料的实际成本。“在途物资”账户应按材料类别、品种及规格设置明细账,进行明细分类核算。

温馨提示:“材料采购”账户适用于原材料按计划成本核算的企业。

2.“应交税费”账户

“应交税费”账户用来核算企业应交的各种税金,如增值税、营业税、消费税、城市维护建设税、所得税等。该账户贷方登记按规定计算的各种应交税金和增值税销项税额;借方登记已交的各种税金和增值税进项税额;期末贷方余额为未交税金,借方余额为多交税金。

温馨提示:增值税是价外税,其纳税人分为一般纳税人和小规模纳税人两种。一般纳税人税率为17%或13%;小规模纳税人税率为6%或4%。一般纳税人增值税应纳税额计算公式为:

$$增值税应纳税额＝销项税额－进项税额$$

3."原材料"账户

"原材料"账户用来核算企业库存各种材料的增减变动及其结存情况。借方登记验收入库材料的实际成本;贷方登记发出材料的实际成本;期末借方余额表示库存各种材料的实际成本。"原材料"账户应按材料类别、品种及规格设置明细账,进行明细分类核算。

(三)账务处理

【做中学 3-1-7】 12月8日,天翼公司购买甲材料2 000千克,收到海丰公司开来的增值税专用发票,单价5元,价款10 000元;增值税率为17%,增值税额1 700元。材料已验收入库,货款用银行存款支付。该项经济业务原始凭证见表3-13、表3-14、表3-15所示。

表 3-13   增值税专用发票

开票日期:2009 年 12 月 8 日   No.2939351

购货 单位	名　称	天翼公司			纳税人登记号							205155655587							
	地址电话	21008888			开户银行及账号							工商银行新兴路分理处							
货物或应税 劳务名称	计量 单位	数量	单价	金额								税率 (%)	税额						
				百	十	万	千	百	十	元	角	分	百	十	万	千	百	十	元	角	分
甲材料	千克	2 000	5			1	0	0	0	0	0	0	17			1	7	0	0	0	0
合　计				¥	1	0	0	0	0	0	0		¥	1	7	0	0	0	0
价税合计(大写)	人民币壹万壹仟柒佰元整														¥11 700				
销货 单位	名　称	海丰公司			纳税人登记号							101022581506							
	地址电话	北京市金顶路3号			开户银行及账号							工商银行石景山分理处							

收款人:×××   复核:×××   开票人:叶红   销货单位(盖章)

表 3-14   中国工商银行转账支票存根

支票号码   95282046

科　目

对方科目

出票日期   2009 年 12 月 8 日

收款人:北京市海丰公司
金额:¥11 700.00
用途:采购材料

单位主管:彭玉   会计:吴芬华

表 3-15　收料单

供货单位:海丰公司　　　　　　　　　　　　　　　　　　　凭证编号:0334
发票编号:00064488　　　　　2009 年 12 月 8 日　　　　　收料仓库:5 号库

材料类别	材料编号	材料名称及规格	计量单位	数量		金额(元)			
				应收	实收	单价	买价	运杂费	合计
甲材料	2855	甲材料	千克	2 000	2 000	5	10 000		10 000
备注:							合计		10 000

仓库负责人:李贝　　　　　仓库保管员:王洪　　　　　收料人:方玉

该项经济业务编制会计分录如下:(银付 4 号)

借:原材料—甲材料　　　　　　　　　　　　　　　　　　10 000
　应交税费—应交增值税(进项税额)　　　　　　　　　　1 700
　贷:银行存款　　　　　　　　　　　　　　　　　　　　11 700

该项经济业务编制记账凭证如表 3-16 所示:

表 3-16　付款凭证

贷方科目:银行存款　　　　　2009 年 12 月 8 日　　　　　银付字第 4 号

摘要	会计科目		记账	金　额									附件
	一级科目	二级及明细科目		千	百	十	万	千	百	十	元	角	分
购入材料一批	原材料	甲材料				1	0	0	0	0	0	0	附件3张
	应交税费	应交增值税				1	7	0	0	0	0	0	
合计					¥	1	1	7	0	0	0	0	

财务主管:×××　　记账:×××　　审核:×××　　出纳:×××　　制单:王一

【做中学 3-1-8】　12 月 9 日,天翼公司购买甲材料 1 000 千克,乙材料 5 000 千克,收到红光公司开来的增值税专用发票,价款分别为 5 000 元和 10 000 元;增值税率为 17%,增值税额 2 550 元。货款已用银行存款支付,材料尚未验收入库。该项经济业务编制的会计分录如下:(银付 5 号)

借:在途物资—甲材料　　　　　　　　　　　　　　　　5 000
　　　　　　—乙材料　　　　　　　　　　　　　　　　10 000
　应交税费—应交增值税(进项税额)　　　　　　　　　2 550
　贷:银行存款　　　　　　　　　　　　　　　　　　　17 550

【做中学 3-1-9】　12 月 9 日,用现金支付上述甲乙材料共同运费 600 元,按材料价款在甲乙材料之间分配。

采购费用分配率=600÷(5 000+10 000)=0.04
甲材料的采购费用=5 000×0.04=200(元)
乙材料的采购费用=10 000×0.04=400(元)

该项经济业务编制会计分录如下:(现付 1 号)

借:在途物资—甲材料   200
　　　—乙材料   400
　　贷:库存现金   600

温馨提示:在会计实务中,共同采购费用可以按材料重量、体积和买价等标准之一进行分配。

【做中学 3-1-10】　12 月 10 日,天翼公司向红光公司购买的甲乙材料验收入库。该项经济业务编制会计分录如下:(转 3 号)

借:原材料—甲材料   5 200
　　　—乙材料   10 400
　　贷:在途物资—甲材料   5 200
　　　　　—乙材料   10 400

【做中学 3-1-11】　12 月 10 日,天翼公司向华丰公司购买丙材料 3 000 千克,价款 10 000 元,增值税率 17%,增值税额 1 700 元。材料已验收入库,货款尚未支付。该项经济业务编制会计分录如下:(转 4 号)

借:原材料—丙材料   10 000
　　应交税费—应交增值税(进项税额)   1 700
　　贷:应付账款—华丰公司   11 700

【做中学 3-1-12】　12 月 13 日,天翼公司开出商业汇票支付前欠华丰公司材料款 11 700 元。该项经济业务编制会计分录如下:(转 5 号)

借:应付账款—华丰公司   11 700
　　贷:应付票据—华丰公司   11 700

【学中做 3-1-6】　企业用银行存款 10 000 元预付购买材料货款。根据业务编制会计分录。

【学中做 3-1-7】　企业收到预付货款材料,并验收入库。该批材料买价 8 000 元,增值税额 1 360 元,冲销原预付货款 10 000 元,余额 640 元以银行存款退回。根据业务编制会计分录。

四、生产过程经济业务核算

(一)生产过程核算内容

生产过程既是产品的制造过程,又是生产资料和活劳动的耗费过程。一方面,劳动者借助于劳动资料对劳动对象进行加工,制造产品;另一方面,在制造产品过程中,消耗材料、支付工资、发生固定资产折旧及支付水电费等其他费用。因此,生产过程核算内容:一是各种生产费用的归集与分配;二是产品生产成本的计算。产品生产成本计算公式为:

$$产品生产成本 = 直接材料 + 直接人工 + 制造费用$$

温馨提示:产品生产成本计算方法详见项目四。

(二)账务设置

1."生产成本"账户

"生产成本"账户用来归集和分配产品生产过程中所发生的各项费用,核算产品生产成本。该账户借方登记计入产品生产成本的各项费用,即直接材料费、直接人工费、制造费用;贷方登记完工入库产品的生产成本;期末借方余额表示尚未完工的各项在产品成本。该账户应按产品品种设置明细账,进行明细分类核算。

2."制造费用"账户

"制造费用"账户用来核算企业生产车间为生产产品和提供劳务而发生的各项间接费用,包括生产车间管理人员工资及福利费、生产车间固定资产折旧费、修理费、办公费、水电费、物料消耗等费用。该账户借方登记发生的各项间接费用;贷方登记月末经分配计入产品"生产成本"账户的制造费用;期末结转后,该账户一般无余额。该账户应按不同车间设置明细账,进行明细分类核算。

3."应付职工薪酬"账户

"应付职工薪酬"账户用来核算企业根据有关规定应付职工的各种薪酬。职工薪酬包括:①职工工资、奖金、津贴和补贴;②职工福利费;③各项社会保险费;④住房公积金;⑤工会经费和职工教育经费;⑥非货币性福利;⑦因解除与职工的劳动关系而给予的补贴;⑧其他与获得职工提供的服务相关的支出。该账户贷方登记应由本月负担但尚未支付的职工薪酬;借方登记实际支付的职工薪酬;期末贷方余额为应付未付的职工薪酬。该账户可按"职工工资"、"职工福利"、"社会保险费"、"住房公积金"、"工会经费"等设置明细账,进行明细分类核算。

4."累计折旧"账户

"累计折旧"账户是"固定资产"账户的备抵账户,用来核算企业固定资产因使用而减少的价值。固定资产因使用而减少的价值,会计上称之为折旧。每月固定资产折旧应当作为费用计入产品的生产成本或期间费用。该账户贷方登记每月计提的固定资产折旧费;借方登记固定资产因出售、报废等原因减少时应注销的该项固定资产累计折旧额;期末贷方余额为企业固定资产已提取的累计折旧额。

温馨提示:固定资产净值＝固定资产原值－累计折旧

5."库存商品"账户

"库存商品"账户用来核算企业库存各种产成品的实际成本。该账户借方登记完工入库产成品的实际成本;贷方登记发出产成品的实际成本;期末借方余额为库存产成品的实际成本。该账户应按产品的种类、品种和规格设置明细账,进行明细分类核算。

(三)账务处理

【做中学 3-1-13】 12 月 28 日,天翼公司会计部门根据本月领料单编制发料凭证汇总表,如表 3-17 所示。

表 3-17　发料凭证汇总表　　　　　　　　　　单位:元

用途及领料部门		甲材料	乙材料	丙材料	合计
生产领用	A 产品	20 000	10 000		30 000
	B 产品	30 000			30 000
车间一般耗用				5 000	5 000
行政管理部门耗用			5 000		5 000
合计		50 000	15 000	5 000	70 000

该项经济业务编制会计分录如下:(转 6 号)

借:生产成本—A 产品	30 000
—B 产品	30 000
制造费用	5 000
管理费用	5 000
贷:原材料—甲材料	50 000
—乙材料	15 000
—丙材料	5 000

该项经济业务编制记账凭证如表 3-18 所示。

表 3-18　转账凭证

2009 年 12 月 28 日　　　　　　　　　　　　　　　　　　　　　　　　转字第 6 号

摘要	会计科目		借方金额									贷方金额									
	一级科目	二级及明细科目	千	百	十	万	千	百	十	元	角	分	千	百	十	万	千	百	十	元	角	分
领用材料	生产成本	略				6	0	0	0	0	0	0										
	制造费用	略				5	0	0	0	0	0										
	管理费用	略				5	0	0	0	0	0										
	原材料	略											7	0	0	0	0	0	0	
合计			¥	7	0	0	0	0	0	0		¥	7	0	0	0	0	0	0	

附件 1 张

财务主管:×××　　　　记账:×××　　　　审核:×××　　　　制单:刘峰

【做中学 3-1-14】　12 月 31 日,天翼公司结算本月应付职工工资 100 000 元。其中 A 产品生产工人工资 50 000 元,B 产品生产工人工资 20 000 元,车间管理人员工资 10 000 元,行政管理人员工资 20 000 元。该项经济业务编制会计分录如下:(转 7 号)

借:生产成本—A 产品	50 000
—B 产品	20 000
制造费用	10 000
管理费用	20 000
贷:应付职工薪酬—工资	100 000

【做中学 3-1-15】　根据规定,按工资总额的 14％计提福利费。该项经济业务编制会计分录如下:(转 8 号)

借:生产成本—A 产品	7 000
—B 产品	2 800
制造费用	1 400
管理费用	2 800
贷:应付职工薪酬—职工福利	14 000

【学中做 3-1-8】 企业用银行存款发放工资 100 000 元。根据业务编制会计分录。

【做中学 3-1-16】 12 月 31 日,天翼公司计提本月固定资产折旧费 5 000 元,其中车间固定资产应提折旧 4 000 元,行政管理部门固定资产应提折旧 1 000 元。该项经济业务编制会计分录如下:(转 9 号)

借:制造费用 4 000
　　管理费用 1 000
　　贷:累计折旧 5 000

【做中学 3-1-17】 12 月 31 日,天翼公司制造费用总额 20400 元,经分配计算,A 产品负担 14 571 元,B 产品负担 5 829 元。该项经济业务编制会计分录如下:(转 10 号)

借:生产成本—A 产品 14 571
　　　　　—B 产品 5 829
　　贷:制造费用 20 400

【做中学 3-1-18】 12 月 31 日,天翼公司 A 产品 2 000 件,B 产品 1 000 件全部完工并已验收合格入库,根据生产成本明细分类账结转完工产品成本。

A 产品总成本＝30 000＋50 000＋7 000＋14 571＝101 571(元)
B 产品总成本＝30 000＋20 000＋2 800＋5 829＝58 629(元)

该项经济业务编制会计分录如下:(转 11 号)

借:库存商品—A 产品 101 571
　　　　　—B 产品 58 629
　　贷:生产成本—A 产品 101 571
　　　　　　—B 产品 58 629

【学中做 3-1-9】 企业用银行存款支付车间水电费 2 000 元,行政管理部门水电费 1 000。根据业务编制会计分录。

五、销售过程经济业务核算

(一)销售过程核算内容

销售过程就是将库存商品销售出去,收回货币资金。工业企业销售过程核算的内容:一是确认和反映销售收入、增值税销项税额、销售成本、销售费用;二是计算应负担的营业税金;三是核算与购货单位款项结算情况。

(二)账户设置

1.“主营业务收入”账户

“主营业务收入”账户用来核算企业因销售产品、提供劳务等主营业务所带来的收入。该账户贷方登记本期实现的主营业务收入;借方登记发生的销售退回或销售折让和期末转入“本年利润”账户的收入;期末结转后无余额。该账户应按主营业务种类设置明细账,进行明细分类核算。

2.“主营业务成本”账户

“主营业务成本”账户用来核算企业因销售产品、提供劳务等主营业务而发生的实际成本。该账户借方登记本期已销售产品的生产成本;贷方登记当月发生的销售退回的商品成本和期末转入“本年利润”账户的当期销售成本;期末结转后无余额。该账户应按主营业务种类设置明细账,进行明细分类核算。

3."销售费用"账户

"销售费用"账户用来核算产品销售过程中发生的各种费用,包括运杂费、保险费、包装费、展览费和广告费。该账户借方登记发生的各种销售费用,贷方登记期末转入"本年利润"账户的销售费用;期末结转后无余额。该账户应按费用项目设置明细账,进行明细分类核算。

4."营业税金及附加"账户

"营业税金及附加"账户用来核算企业日常活动应负担的税金及附加,包括营业税、消费税、资源税、土地增值税、城市维护建设税和教育费附加。该账户借方登记按规定计算应由主营业务负担的税金及附加;贷方登记企业收到的先征后退的消费税、营业税以及期末转入"本年利润"账户营业税金及附加;期末结转后无余额。

(三)账务处理

【做中学 3-1-19】 12月15日,天翼公司销售给长江工厂A产品200件,开出增值税专用发票上的单位售价为100元,增值税额为3 400元,收到款项存入银行。该项经济业务原始凭证见表3-19、3-20所示。

表 3-19　增值税专用发票

开票日期:2009 年 12 月 15 日　　　　　　　　　　　　　　　　　　　　　　　　　　No.006501

购货单位	名　称	长江工厂			纳税人登记号								234578977665544									
	地址电话	×××			开户银行及账号								工商银行新华分行 5632545684562									
货物或应税劳务名称	计量单位	数量	单价	金额									税率(%)	税额									
				百	十	万	千	百	十	元	角	分		百	十	万	千	百	十	元	角	分
A 产品	件	200	100			2	0	0	0	0	0	0	17				3	4	0	0	0	0
合　计				¥		2	0	0	0	0	0	0		¥			3	4	0	0	0	0
价税合计(大写)	人民币贰万叁仟肆佰元整												¥23 400.00									
销货单位	名　称	天翼公司			纳税人登记号								101022581506									
	地址电话	21008888			开户银行及账号								工商银行新兴路分理处 47358696544558									

收款人:×××　　　　　复核:×××　　　　　开票人:张华　　　　　销货单位(盖章)

表 3-20 中国工商银行进账单(回单)

收款人	全称	天翼有限责任公司	付款人	全称	长江工厂								
	账号	47358696544558		账号	5632545684562								
	开户银行	工商银行新兴路分理处		开户银行	工商银行新华分行								
人民币 (大写)		贰万叁仟肆佰元整			百	十	万	千	百	十	元	角	分
						¥	2	3	4	0	0	0	0
票据种类		转账支票		收款人开户银行盖章									
票据张数		1											
单位主管　会计　复核　记账													

该项经济业务编制会计分录如下:(银收 4 号)

借:银行存款 　23 400

　　贷:主营业务收入 　20 000

　　　应交税费—应交增值税(销项税额) 　3 400

该项经济业务编制记账账凭证如表 3-21 所示。

表 3-21 收款凭证

借方科目:银行存款　　　　　　　　2009 年 12 月 15 日　　　　　　　　银收字第 4 号

摘要	会计科目		记账	金额									
	一级科目	二级及 明细科目		千	百	十	万	千	百	十	元	角	分
销售 A 产品 200 件	主营业务收入	A 产品					2	0	0	0	0	0	0
	应交税费	应交增值税 (销项税额)						3	4	0	0	0	0
合计							¥	2	3	4	0	0	0

财务主管:×××　　　记账:×××　　　审核:×××　　　出纳:×××　　　制单:王一

【做中学 3-1-20】　12 月 16 日,天翼公司采用托收承付结算方式销售给兴隆工厂 B 产品 1000 件,开出增值税专用发票上的单位售价为 200 元,增值税额为 34 000 元。商品已发出,企业根据发票、账单等凭证已向银行办妥托收手续。该项经济业务编制会计分录如下:(转 12 号)

借:应收账款—兴隆工厂 　234 000

　　贷:主营业务收入—B 产品 　200 000

　　　应交税费—应交增值税(销项税额) 　34 000

【做中学 3-1-21】　12 月 17 日,天翼公司采用商业汇票结算方式销售给华胜工厂 A 产品 100 件,开出增值税专用发票上的单位售价为 100 元,增值税额为 1 700 元。商品已发出,并收到购货单位开具的期限为 3 个月的商业汇票一张,金额 11 700 元。该项经济业务编制会计分录如下:(转 13 号)

  借:应收票据—华胜工厂   11 700

    贷:主营业务收入—A 产品   10 000

      应交税费—应交增值税(销项税额)   1 700

【学中做 3-1-10】 企业预收东北公司购买 A 产品货款 30 000 元,存入银行。根据业务编制会计分录。

【学中做 3-1-11】 企业向东北公司发出 A 产品 100 件,每件售价 200 元,货款及税款共计 23 400 元。余款以银行存款退还东北公司。根据业务编制会计分录。

温馨提示:工业企业出售材料收入应计入"其他业务收入"账户;已经销售材料的成本应计入"其他业务成本"账户。

【做中学 3-1-22】 12 月 19 日,天翼公司以银行存款支付运输费 1 000 元。该项经济业务编制会计分录如下:(银付 6 号)

  借:销售费用   1 000

    贷:银行存款   1 000

【做中学 3-1-23】 12 月 20 日,天翼公司以银行存款支付广告费 5 000 元。该项经济业务编制会计分录如下:(银付 7 号)

  借:销售费用   5 000

    贷:银行存款   5 000

【做中学 3-1-24】 月末,结转本月销售 A、B 产品的生产成本。A 产品单位成本 50 元,B 产品单位成本 60 元。

    A 产品的销售成本=300 件×50 元/件=15 000(元)

    B 产品的销售成本=1 000 件×60 元/件=60 000(元)

该项经济业务编制会计分录如下:(转 14 号)

  借:主营业务成本—A 产品   15 000

       —B 产品   60 000

    贷:库存商品—A 产品   15 000

       —B 产品   60 000

【做中学 3-1-25】 月末,按照规定计算出本月应负担的消费税 800 元、城市维护建设税 200 元,共计 1 000 元。这项经济业务编制的会计分录如下:(转 15 号)

  借:营业税金及附加   1 000

    贷:应交税费—应交消费税   800

       —应交城市维护建设税   200

任务二　登记账簿

任务描述

1. 熟悉企业会计账簿的设置,了解企业会计账簿构成及分类;

2. 熟悉几种常用的账务处理程序,了解不同账务处理程序的优缺点及适用范围;

3. 熟练根据企业经济业务设置并登记会计账簿,重点掌握序时账簿、分类账簿的业务登记;

4. 掌握分类账簿的平行登记方法;

5. 了解错账更正方法,熟练运用错账更正方法更正记账过程中发生的各种错误;

6. 对天翼公司 2009 年 12 月发生的经济业务登记序时账及分类账。

学习内容

学习内容一:认识会计账簿

一、会计账簿的概念

会计账簿是指由一定格式的账页组成的,以经过审核的会计凭证为依据,全面、系统、连续地记录各项经济业务的簿籍。各单位应当按照国家统一的会计制度的规定和会计业务的需要设置会计账簿。

温馨提示:账簿与账户的关系是形式与内容的关系。账户存在于账簿之中,账簿中的每一账页就是账户的存在形式和载体,账簿只是一个外在形式。

二、会计账簿的意义

通过账簿的设置和登记,可以记载、储存会计信息,分类、汇总会计信息,检查、校正会计信息,编报、输出会计信息,对加强经济管理具有十分重要的意义。

三、会计账簿的构成

各种账簿所记录的经济业务内容不同,账簿的格式可以多种多样,但各种账簿格式均应具备下列三项基本要素:

(一)封面

封面主要标明账簿名称,如"总分类账"、"原材料明细分类账"等以及记账单位名称和会计年度。

(二)扉页

扉页应列明账簿启用和经管人员一览表、账户目录(科目索引)等,其内容主要包括账簿名称、账簿启用的日期、页数、册数;账簿经管人员签章;会计主管人员签章。扉页中的"账簿启用和经管人员一览表"如表 3-22 所示。

表 3-22　账簿启用和经管人员一览表

单位名称								账簿名称			
账簿编号								账簿册数			
启用日期								账簿页数			
会计主管(签章)								记账员(签章)			

移交日期			移交人		接管日期			接管人		监交人	
年	月	日	姓名	盖章	年	月	日	姓名	盖章	姓名	盖章

账户目录由记账人员在账簿中开设账页户头后,按顺序登记每个账户的名称和页数,其作用是便于查阅账簿中登记的内容。如果是活页账簿,在账簿启用时无法确定页数,可先将账户名称填写好,待年终装订归档时,再填写页数。

(三)账页

账页是账簿的主要内容,是用来记录经济业务的载体。账页的格式因反映的经济业务内容不同而有所不同,但其基本内容应包括以下几个方面:

1.账户的名称(总账科目、二级或明细科目);

2.登记账户的日期栏(记录经济业务发生的日期);

3.凭证种类和号数栏(记录记账凭证的种类及凭证编号);

4.摘要栏(记录经济业务内容的简要说明);

5.金额栏(借、贷方金额及余额);

6.总页次和分户页次。

四、会计账簿的分类

会计账簿的种类很多,可以按不同的标准进行分类,常见的分类方法主要有三种。

(一)账簿按用途分类

会计账簿按其不同用途,分为序时账簿、分类账簿和备查账簿。

1.序时账簿

序时账簿又称日记账,是按照经济业务发生或完成时间的先后顺序,逐日逐笔进行登记的账簿。序时账簿按其记录内容的不同,可分为普通日记账和特种日记账两种。

普通日记账是用来序时登记各单位全部经济业务发生情况的日记账。在普通日记账中,按照每日所发生的经济业务的先后顺序,逐项编制会计分录,因而这种日记账也称为分录日记账。设置普通日记账的单位,不再填制记账凭证,以免重复。

特种日记账是专门用来记录某一类经济业务发生情况的日记账。例如,各单位为了加强对库存现金和银行存款的管理,单设现金日记账记录现金收付业务,设银行存款日记账记录银行存款收付情况。在我国,大多数单位一般只设现金日记账和银行存款日记账,其他各项目一般不再设置特种日记账。

2.分类账簿

分类账簿又称分类账,是对全部经济业务进行分类登记的账簿。在分类账簿中分别反映资产、负债、所有者权益、收入、费用和利润等会计要素增减变化的情况,是企业进行经营管理的重要资料来源。分类账簿按其反映内容的详细程度分为总分类账簿和明细分类账簿。

总分类账簿是指按照总分类账户分类登记经济业务的账簿,又称总分类账,简称总账。总分类账簿是用来记录经济业务总括核算资料的账簿。明细分类账簿是指按照明细分类账户分类登记经济业务的账簿,又称明细分类账,简称明细账。明细分类账簿是用来记录经济业务详细核算资料的账簿。总分类账簿与明细分类账簿的作用各不相同,但又密切联系,互为补充。总分类账簿对明细分类账簿起着统驭控制作用,明细分类账簿对总分类账簿起着补充说明作用。分类账簿提供的核算信息是编制财务报表的主要依据。

3.备查账簿

备查账簿简称备查簿,是对某些在序时账簿和分类账簿中不能登记或登记不全的经济业务进行补充登记的账簿。该种账簿可以对某些经济业务的内容提供必要的参考资料,如以经营租赁方式租入固定资产登记簿、受托加工材料登记簿等。备查账簿由各单位根据需要自行设置。

> 温馨提示:各单位一般均应设置现金日记账、银行存款日记账、总分类账和明细分类账。

(二)账簿按外表形式分类

账簿按外表形式不同可分为订本式账簿、活页式账簿和卡片式账簿。

1.订本式账簿

订本式账簿又称订本账,是指在启用之前就把若干账页固定装订成册,并对账页进行了连续编号的账簿。采用订本式账簿,既可以避免账页散失,也可以防止抽换账页。但是由于账页序号和总数已固定,开设账户时,为每一账户预留的账页数和实际需要量可能不一致,可能会出现预留账页不足,影响账户的连续登记;若预留账页过多,又会造成浪费。而且在同一时间内只能由一人记账,不便于记账分工。订本式账簿主要适用于总分类账、现金日记账和银行存款日记账。

2.活页式账簿

活页式账簿又称活页账,是指在账簿登记完毕之前并不固定装订在一起,而是采用活页形式的账簿。采用活页式账簿,页数可根据需要确定,不足时,可随时增加空白账页,而且登记方便,在同一时间内可由多人分工记账。但活页式账簿中的账页容易散失和被抽换,账簿的空白账页在使用时必须连续编号并装置在账夹中。当账簿登记完毕之后(通常是一个会计年度之后),要将账页予以装订,加具封面,以便保管。活页式账簿主要适用于各种明细分类账。

3.卡片式账簿

卡片式账簿又称卡片账,是指利用卡片进行登记的账簿。严格说,卡片式账簿也是一种活页账,只不过它不是装在活页账夹中,而是装在卡片箱内,数量可根据经济业务量增减。在我国,单位一般只对固定资产明细账采用卡片式账簿形式。卡片式账簿登记完毕之后,应将卡片穿孔固定保管。

(三)账簿按账页格式分类

账簿按账页格式不同可分为三栏式账簿、多栏式账簿和数量金额式账簿。

1.三栏式账簿

三栏式账簿是指设有借方、贷方和余额三个基本栏目的账簿。总分类帐、日记账和资本、债权债务性质的明细分类账都可以采用三栏式账簿。三栏式账簿又分为设对方科目和不设对方科目两种,其区别是在摘要栏和借方科目栏之间是否有一栏"对方科目"。

2.多栏式账簿

多栏式账簿是根据经济业务的特点和经营管理的需要,在账簿的借方和贷方下分设若干专栏的账簿。收入、成本、费用、利润和利润分配等明细分类账一般均采用多栏式账簿。

3.数量金额式账簿

数量金额式账簿是指在借方、贷方和余额三个栏目内,都分设数量、单价和金额三小栏,借以反映财产物资的实物数量和价值量的账簿。原材料、库存商品等存货明细账一般采用数量金额式账簿。

会计账簿的分类如图 3-3 所示。

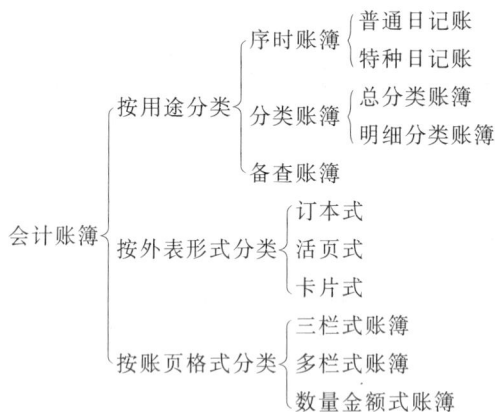

图 3-3　会计账簿的分类

【学中做 3-2-1】　现金日记账、原材料明细分类账分别属于何种类别的会计账簿?

学习内容二:建立会计账簿

一、建立会计账簿的原则

任何单位都应当根据本单位经济业务的特点和经营管理的需要,设置一定种类和数量

的账簿。一般来说,设置会计账簿应当遵循下列原则:

(一)账簿的设置应能保证全面、系统地反映和监督各单位的经济活动情况,为经营管理提供系统、完整的会计核算资料。

(二)设置账簿应在满足实际需要的前提下,考虑人力和物力的节约,力求避免重复设账。

(三)账簿的格式应按照所记录的经济业务内容和需要提供的核算指标进行设计,力求简明、清晰、实用。

二、建立会计账簿的方法

各单位一般应设置特种日记账和分类账。常见的特种日记账有现金日记账、银行存款日记账和转账日记账,特种日记账的格式有三栏式和多栏式两种,实务中日记账多用三栏式。但无论采用三栏式还是多栏式日记账,都必须使用订本式账簿。分类账分设总分类账和明细分类账,总分类账常用三栏式账簿;明细分类账根据经济管理的要求和记录的内容,分别采用三栏式、数量金额式和多栏式三种格式。

三、会计账簿的启用

会计账簿是储存数据的重要会计档案。为了明确记账责任,保证会计账簿记录的合法性和完整性,启用新的会计账簿时,应当在账簿封面上写明单位名称和账簿名称,并在账簿扉页上填写“账簿启用和经管人员一览表”,格式和内容如前述表 3-22 所示。表格的主要内容包括账簿名称、单位名称、账簿编号、账簿册数、账簿页数、账簿启用日期、记账人员和会计机构负责人、会计主管人员姓名,并加盖私章和单位公章。

当记账人员或者会计机构负责人、会计主管人员调动工作或因故离职时,应办理交接手续,在“账簿启用和经管人员一览表”的交接记录栏内,填写交接日期、接办人员和监交人员姓名,并由交接双方人员签名或盖章。

启用订本式账簿应当从第一页到最后一页顺序编定页数,不得跳页、缺号。使用活页式账页应当按账页顺序编号,并需定期装订成册。装订后再按实际使用的账页顺序编定页码,另加目录,标明每个账户的名称和页次。

【学中做 3-2-2】 序时账、分类账、备查账,哪些是企业必不可少的,哪些是可以灵活设置的? 为什么?

学习内容三:账务处理程序

账务处理程序,也称会计核算组织程序或会计核算形式,是指会计凭证、账簿、会计报表相结合的方式。由于它们结合的方式不尽相同,因而形成了不同的账务处理程序。

一、账务处理程序概述

(一)账务处理程序的意义

科学、合理地采用一定的会计账务处理程序,通过规定会计凭证、账簿和会计报表以及记账程序,将各单位的会计核算工作有机地组织成为既有分工又有协作的整体,将各个会计核算岗位的工作连在一起,对于减少不必要的会计核算环节,减少会计人员的工作量,提高会计工作效率有着重要的意义。

(二)账务处理程序的种类

各单位应结合我国会计工作的实际情况,采用合理、适用的会计账务处理程序。常用的一般有以下三种:

1.记账凭证账务处理程序;

2.科目汇总表账务处理程序;

3.汇总记账凭证账务处理程序。

以上三种会计账务处理程序有很多相同点,但也有区别。各种会计账务处理程序之间的区别,主要表现在登记总账的依据和方法不同。

➡ 温馨提示:记账凭证账务处理程序是最基本的账务处理程序,其他各种账务处理程序都是在记账凭证账务处理程序基础上发展而形成的。

二、记账凭证账务处理程序

(一)记账凭证账务处理程序的特点

记账凭证账务处理程序的特点是:直接根据记账凭证,逐笔登记总分类账。

(二)记账凭证账务处理程序的步骤

记账凭证账务处理程序如图 3-4 所示。

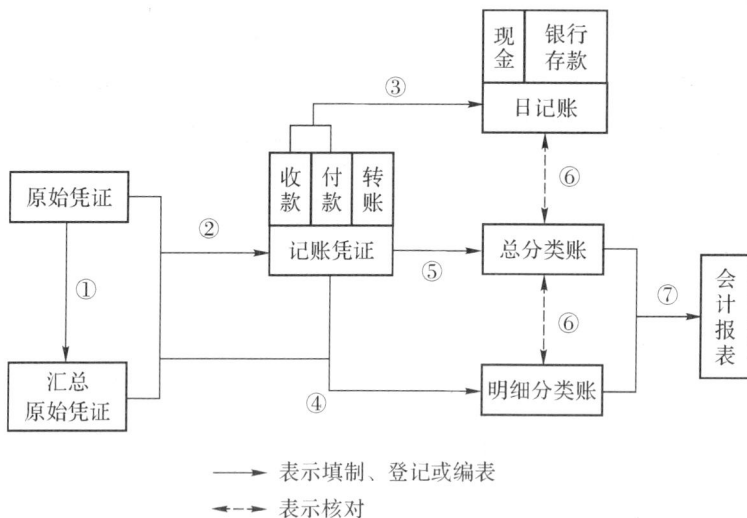

图 3-4　记账凭证账务处理程序图

(三)记账凭证账务处理程序的优缺点和适用范围

记账凭证账务处理程序简单明了,易于理解,总分类账较详细地记录和反映了经济业务,便于了解经济业务的来龙去脉和查对账目。其不足之处是:当企业规模大、经济业务较多、记账凭证较多时,登记总分类账的工作量也就很大。所以,这种账务处理程序一般适用于规模小、且经济业务较少的单位。

【学中做 3-2-3】 记账凭证账务处理程序登记总分类账的依据是什么?

三、科目汇总表账务处理程序

(一)科目汇总表账务处理程序的特点

科目汇总表账务处理程序的特点是:定期将所有记账凭证汇总编制成科目汇总表,然后再根据科目汇总表登记总分类账。

(二)科目汇总表的编制方法

科目汇总表是根据一定时期内的全部记账凭证,按照会计科目进行归类后编制的。在科目汇总表中,分别计算出每一个总账科目的借方发生额合计数、贷方发生额合计数。

科目汇总表可以每月汇总编制一张,也可以每旬汇总一次,每月编制一张。其格式和内容如表 3-23、表 3-24 所示。

表 3-23 科目汇总表(一)

××年××月××日　　　　　　　　　　　　　　　　　第××号

借方金额	√	会计科目	贷方金额	√
		库存现金		
		银行存款		
		…		
		合计		

会计主管　　　　　记账　　　　　审核　　　　　制表

表 3-24 科目汇总表(二)

××年××月　　　　　　　　　　　　　　　　　　　第××号

会计科目	1—10 日		11—20 日		21—30 日		合　计		总账页数
	借方	贷方	借方	贷方	借方	贷方	借方	贷方	
库存现金 银行存款 …									
合计									

会计主管　　　　　记账　　　　　审核　　　　　制表

(三)科目汇总表账务处理程序的步骤

科目汇总表账务处理程序如图 3-5 所示。

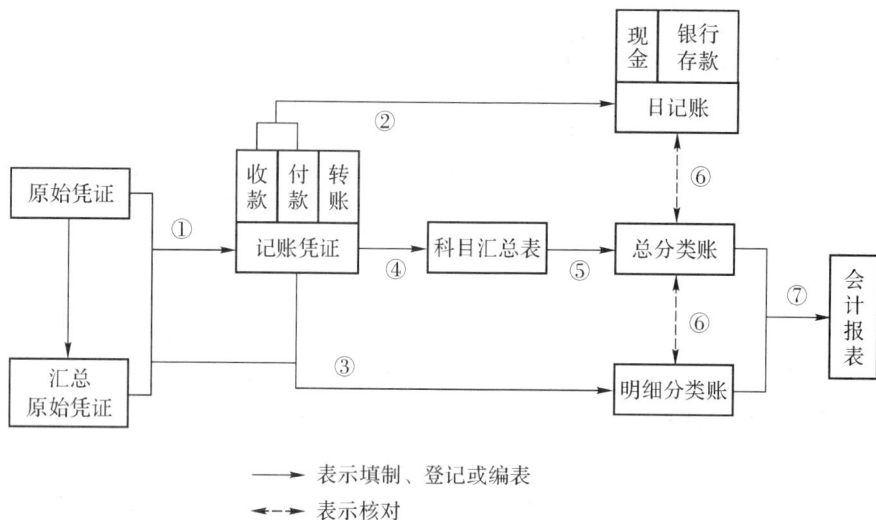

图 3-5　科目汇总表账务处理程序图

【学中做 3-2-4】　根据天翼公司【做中学 3-1-1】—【做中学 3-1-25】经济业务资料及编制的记账凭证,编制一份科目汇总表。

(四)科目汇总表账务处理程序的优缺点和适用范围

科目汇总表账务处理程序与记账凭证账务处理程序相比,突出的优点是:大大减少了登记总账的工作量,并兼有试算平衡的作用。其不足之处在于:科目汇总表不能反映经济业务的来龙去脉,不便于查对账目。科目汇总表账务处理程序适用于经营规模大、经济业务量较多的单位。

【学中做 3-2-5】　科目汇总表为何具有试算平衡的作用? 其所依据的理论基础是什么?

四、汇总记账凭证账务处理程序

(一)汇总记账凭证账务处理程序的特点

汇总记账凭证账务处理程序的特点是:先定期将全部记账凭证按收、付款凭证和转账凭证分别归类汇总,编制成汇总记账凭证,再根据汇总记账凭证登记总分类账。

(二)汇总记账凭证的编制方法

汇总记账凭证分为汇总收款凭证、汇总付款凭证和汇总转账凭证三种。

1.汇总收款凭证及其编制方法

汇总收款凭证是指按"库存现金"和"银行存款"科目的借方分别设置的一种汇总记账凭证,它汇总了一定时期内库存现金和银行存款的收款业务。其格式和内容如表 3-25 所示。

表 3-25 汇总收款凭证

借方科目:库存现金　　　　　　　　　　　2009 年 8 月　　　　　　　　　　　第 1 号

贷方科目	金额				总账页数	
	1 日至 10 日 凭证第 1—30 号	11 日至 20 日 凭证第 31—60 号	21 日至 31 日 凭证第 61—91 号	合计	借方	贷方
其他应收款	80	20		100	95	10
主营业务收入	600	50		650	95	200
其他业务收入			100	100	95	180
待处理财产损溢			150	150	95	300
合计	680	70	250	1 000	—	—

月终,根据计算出的每个贷方科目发生额合计数,登记总分类账。

【学中做 3-2-6】 根据天翼公司【做中学 3-1-1】—【做中学 3-1-25】经济业务资料及编制的记账凭证,编制汇总收款凭证。

2.汇总付款凭证及其编制方法

汇总付款凭证是指按"库存现金"和"银行存款"科目的贷方分别设置的一种汇总记账凭证,它汇总了一定时期内库存现金和银行存款的付款业务。其格式和内容如表 3-26 所示。

表 3-26 汇总付款凭证

贷方科目:银行存款　　　　　　　　　　　2009 年 8 月　　　　　　　　　　　第 4 号

借方科目	金额				总账页数	
	1 日至 10 日 凭证第 1—30 号	11 日至 20 日 凭证第 31—60 号	21 日至 31 日 凭证第 61—91 号	合计	借方	贷方
应付账款	10 000	5 000		15 000	100	190
在途物资	20 000	10 000	20 000	50 000	260	190
固定资产	20 700			20 700	30	190
销售费用			300	300	50	190
管理费用	200	300	500	1 000	300	190
合计	50 900	15 300	20 800	87 000	—	—

月终,根据计算出的每个借方科目发生额合计数,登记总账。

【学中做 3-2-7】 根据天翼公司【做中学 3-1-1】—【做中学 3-1-25】经济业务资料及编制的记账凭证,编制汇总付款凭证。

3.汇总转账凭证及其编制方法

汇总转账凭证是指按转账凭证中每一贷方科目分别设置的,用来汇总一定时期内转账业务的一种汇总记账凭证。其格式和内容如表 3-27 所示。

表 3-27　汇总转账凭证

贷方科目:原材料		2009 年 8 月			第 15 号	
借方科目	金额				总账页数	
	1 日至 10 日 凭证第 1—30 号	11 日至 20 日 凭证第 31—60 号	21 日至 31 日 凭证第 61—91 号	合计	借方	贷方
生产成本	5 000	10 000	5 000	20 000	120	24
制造费用			2 000	2 000	200	24
管理费用		1 000	3 000	4 000	300	24
合计	5 000	11 000	10 000	26 000	—	—

月终,根据计算出的每个借方科目发生额合计数,登记总账。

温馨提示:由于汇总转账凭证上的科目对应关系,是一个贷方科目与一个或几个借方科目相对应,因此,在汇总记账凭证核算形式下,为了便于编制汇总转账凭证,所有转账凭证也只能按一个贷方科目与一个或几个借方科目对应来填制,不能填制一个借方科目与几个贷方科目相对应的转账凭证,也就是可以填制一借一贷或一贷多借的转账凭证,而不能填制一借多贷和多借多贷的转账凭证。

(三)汇总记账凭证账务处理程序的步骤

汇总记账凭证账务处理程序如图 3-6 所示。

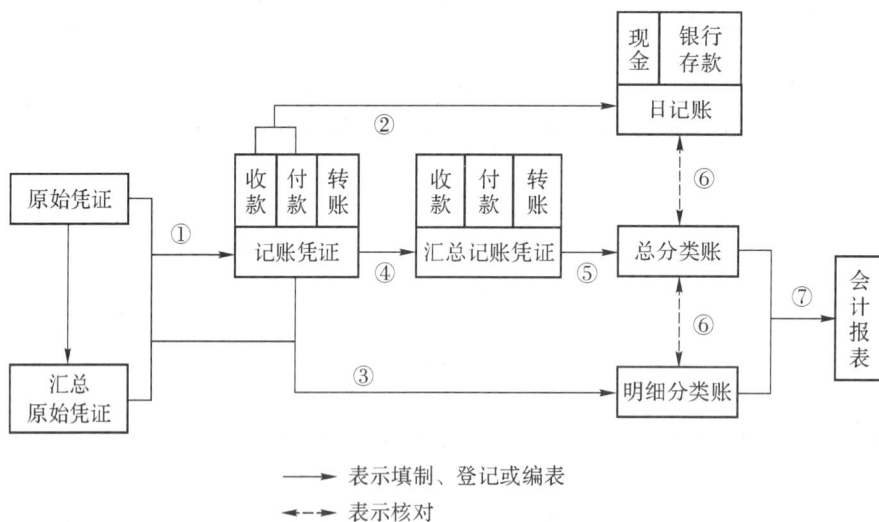

图 3-6　汇总记账凭证账务处理程序图

(四)汇总记账凭证账务处理程序的优缺点和适用范围

汇总记账凭证账务处理程序与记账凭证账务处理程序和科目汇总表账务处理程序相比,其优点是:在汇总记账凭证账务处理程序下,减少了登记总分类账的工作量;便于通过有关科目之间的对应关系,了解经济业务的来龙去脉。汇总记账凭证账务处理程序的不足之处在于:汇总转账凭证不利于会计核算工作的分工,当转账凭证较多时,编制汇总转账凭证的工作量较大。这种核算形式适用于规模大、经济业务较多的单位。

【学中做 3-2-8】 汇总收款凭证、汇总付款凭证、汇总转账凭证的设证科目分别是什么？

学习内容四：会计账簿登记的基本要求

为了保证账簿记录的完整性、真实性和正确性，会计人员在登账时应当遵守以下规则：

1. 根据审核无误的会计凭证登记会计账簿，应将会计凭证的日期、编号、业务内容摘要、金额和其他有关资料逐项记入账内，做到数字准确、摘要清楚、登记及时、字迹工整。

2. 登记完毕后，为避免重记、漏记，应在记账凭证上签名或者盖章，并注明已经登账的符号（如打"√"等），表示已经记账。

3. 账簿中书写规范，文字和数字应紧靠底线书写，上面要留有适当空格，一般应占格距的二分之一，以便留有改错的空间。

4. 为了保证账簿清晰，防止涂改，登账时要用蓝黑墨水或者碳素墨水书写，不得使用圆珠笔（银行的复写账簿除外）或者铅笔书写。

5. 在账簿记录中，红字表示对蓝字的冲销、冲减数或表示负数。因此，只在下列情况，才可以用红色墨水记账。

(1) 按照红字冲账的记账凭证冲销错误记录；

(2) 在不设借贷等栏的多栏式账页中，登记减少数；

(3) 在三栏式账户的余额栏前，如未印明余额方向的，在余额栏内登记负数余额；

(4) 根据国家统一的会计制度规定可以用红字登记的其他会计记录。

6. 各种账簿应按页次顺序连续登记，不得跳行、隔页。如果发生跳行、隔页，应当用红色墨水划对角线将空行、空页划线注销，或者注明"此行空白"、"此页空白"等字样，并由记账人员签名或者盖章。

7. 凡需要结出余额的账户，结出余额后，应当在"借或贷"栏内写明"借"或者"贷"等字样。没有余额的账户，应当在"借或贷"栏内写"平"字，并在"余额"栏内以"0"表示。现金日记账和银行存款日记账必须逐日结出余额。

8. 账页写满时，应办理转页手续。每一账页登记完毕结转下页时，应结出本页合计数及余额，写在该账页的最后一行及次页的第一行，并在摘要栏内注明"过次页"和"承前页"字样；也可以将本页合计数及余额只写在下页第一行有关栏内，并在摘要栏内注明"承前页"字样。对需要结计本月发生额的账户，结计"过次页"的本页合计数应当为自本月初起至本页末止的发生额合计数；对需要结计本年累计发生额的账户，结计"过次页"的本页合计数应当为自年初起至本页末止的累计数；对既不需要结计本月发生额，也不需要结计本年累计发生额的账户，可以只将每页末的余额结转次页。

9. 账簿记录发生错误，不准涂改、挖补、刮擦或用药水消除字迹，不准重新抄写，必须按照规定的方法进行更正。

实行会计电算化的单位，总账和明细账应当定期打印。用计算机打印的会计账簿必须连续编号，经审核无误后装订成册，并由记账人员和会计机构负责人、会计主管人员签字或者盖章。发生收款和付款业务的，在输入收款凭证和付款凭证的当天必须打印出现金日记账和银行存款日记账，并与库存现金核对无误。

学习内容五：序时账簿的登记方法

由于账簿所记录的经济业务不同，其结构和登记方法也各异。

一、普通日记账的登记

普通日记账，也称分录日记账。登记普通日记账前不需要填制记账凭证，而是根据原始凭证和汇总原始凭证，直接登记普通日记账，一般单位较少用普通日记账，其格式和内容如表 3-28 所示。

表 3-28 普通日记账

第 35 页

2009 年		原始凭证	摘　要	会计科目	过账符号	借　方	贷　方
月	日						
8	1	转账支票	收到投资	银行存款		680 000	
		入库单		固定资产		250 000	
		入库单		原材料		70 000	
				实收资本			1 000 000
8	2	转账支票	借入借款	银行存款		600 000	
				短期借款			600 000

二、特种日记账的登记

(一)现金日记账的登记

现金日记账是用来登记库存现金每日收入、支出和结存情况的账簿。出纳人员根据现金收款凭证、现金付款凭证和银行存款付款凭证(记录从银行提取现金业务)，按照经济业务发生时间的先后顺序，逐日逐笔进行登记。

三栏式现金日记账的格式和内容如表 3-29 所示。

表 3-29 现金日记账

2009 年		凭证		摘要	对方科目	收入	支出	结余
月	日	种类	编号					
8	1			上月结余				1 000
	2	银付	1	提现金备发工资	银行存款	50 000		
	2	现付	1	支付购入材料运费	在途物资		240	
	2	现付	2	王丽预借差旅费	其他应收款		2 000	
	2	现收	1	赵一报销差旅费交回余款	其他应收款	510		
	2			本日合计		50 510	2 240	49 270

续表

| 2009 年 | | 凭证 | | 摘要 | 对方科目 | 收入 | 支出 | 结余 |
月	日	种类	编号					
...	...	...	...	...	...	...	...	...
...	...	...	...	...	...	...	...	...
	31			本日合计		53 550	79 558	4 662
	31			本月合计		700 990	697 328	4 662

现金日记账的登记方法如下：

1. 日期栏：指记账凭证的日期，应与现金实际收付日期一致。

2. 凭证栏：登记入账的收、付款凭证的种类和编号，如"现金收（付）款凭证"，简写为"现收（付）"、"银行存款收（付）款凭证"，简写为"银收（付）"。凭证栏还应登记凭证的编号数，以便于查账和核对。

3. 摘要栏：简要说明登记入账的经济业务的内容。

4. 对方科目栏：登记现金收入或支出的对方科目名称。如从银行提取现金，其对方科目为"银行存款"。对方科目栏的作用在于了解经济业务的来龙去脉。

5. 收入、支出、余额栏：登记现金实际收付的金额。每日终了，应分别计算现金收入和支出的合计数，结出余额。同时，将余额与出纳员保管的库存现金实存数核对，即通常说的"日清"。如账款不符，应查明原因，并记录备案。月终，同样要计算出全月现金收入、支出合计数和结存数，通常称为"月结"。

【学中做 3-2-9】　现金日记账的登账依据有哪些？

（二）银行存款日记账的登记

银行存款日记账是用来核算和监督银行存款每日收入、支出和结存情况的账簿。出纳人员根据银行存款收款凭证、银行存款付款凭证和现金付款凭证（记录将现金存入银行的业务），按照经济业务发生时间的先后顺序逐日逐笔进行登记。银行存款日记账应按企业在银行开立的账户和币别分别设置，每个银行账户设置一本日记账。其格式和内容如表 3-30 所示。

表 3-30　银行存款日记账

| 2009 年 | | 凭证 | | 摘要 | 现金支票号数 | 转账支票号数 | 对方科目 | 收入 | 支出 | 结余 |
月	日	种类	编号							
8	1			上月结余						93 300
	2	银收	1	收到投资款		1123	实收资本	68 000		
	2	银收	2	收到销货款		1544	应收账款	2 000		
	2	银付	1	支付购料款		1897	在途物资		69 900	
	2			本日合计				70 000	69 900	93 400
...	...	...	...	...	...	...	...	...	...	...
...	...	...	...	...	...	...	...	...	...	...
	31			本日合计				134 000	25 688	2 448 340
	31			本月合计				2 548 000	192 960	2 448 340

银行存款日记账的登记方法如下：

1.日期栏：系指记账凭证的日期。

2.凭证栏：登记入账的收、付款凭证的种类和编号（与现金日记账的登记方法一致）。

3.摘要栏：简要说明登记入账的经济业务的内容。

4.现金支票号码和转账支票号码栏：如果所记录的经济业务是以支票付款结算的，应在这两栏内填写相应的支票号码，以便与开户银行对账。

5.对方科目栏：登记银行存款收入或支出的对方科目名称。如开出一张支票支付购料款，其对方科目为"在途物资"。

6.收入、支出、余额栏：登记银行存款实际收付的金额。每日终了，应分别计算银行存款收入和支出的合计数，并结出余额，做到日清；月终，应计算银行存款全月收入、支出合计数和结存数，做到"月结"。

温馨提示：现金日记账和银行存款日记账一般采用三栏式账簿。在会计实务中，为了反映每一笔货币资金的收入来源和支出用途，以便分析和汇总对应科目的发生额，也可采用多栏式现金日记账和银行存款日记账格式。

学习内容六：分类账簿的登记方法

一、总分类账的登记

总分类账是按照总分类账户分类登记提供总括会计信息的账簿。在总分类账中，应按照总账科目的编码顺序分别开设账户。由于总分类账一般都采用订本式账簿，所以应事先为每个账户预留若干账页。每月应将当月已完成的经济业务全部登记入账，并于月终结出总分类账簿中各账户的本期发生额和期末余额，与明细账余额核对相符后，作为编制会计报表的主要依据。总分类账簿多采用三栏式账页格式。

三栏式总分类账分为不设对方科目和设对方科目两种。

（一）不设对方科目的三栏式总分类账

不设对方科目的三栏式总分类账，账页设置借方、贷方和余额三个金额栏，其格式和内容如表 3-31 所示。

表 3-31　总分类账

会计科目：生产成本　　　　　　　　　　　　　　　　　　　　　　　　　　第 60 页

2009 年		凭证		摘要	借方	贷方	借或贷	余额
月	日	字	号					
8	1			期初余额			借	5 000
	3	转	12	领用材料	18 120		借	23 120
	31	转	87	结算工资	52 000		借	75 120
	31	转	88	计提福利费	7 280		借	82 400
	31	转	98	结转制造费用	19 760		借	102 160
	31	转	99	完工转出		99 160	借	3 000
	31			本期发生额及余额	97 160	99 160	借	3 000

(二)设对方科目的三栏式总分类账

设对方科目的三栏式总分类账,账页除设置借方、贷方和余额三个基本金额栏外,还分别在借方和贷方栏中另设对方科目栏,以便直接根据总分类账户了解经济业务的来龙去脉,其格式和内容如表 3-32 所示。

表 3-32 总分类账

会计科目:生产成本 第 60 页

2010 年		凭证		摘要	借方		贷方		借或贷	余额
月	日	字	号		金额	对方科目	金额	对方科目		
3	1			期初余额					借	5 000
	3	转	12	领用材料	18 120	原材料			借	23 120
	31	转	87	结算工资	52 000	应付职工薪酬			借	75 120
	31	转	88	计提福利费	7 280	应付职工薪酬			借	82 400
	31	转	98	结转制造费用	19 760	制造费用			借	102 160
	31	转	99	完工转出			99 160	库存商品	借	3 000
	31			本期发生额及余额	97 160		99 160		借	3 000

二、明细分类账的登记

明细分类账是根据总分类科目所属的二级科目或明细科目开设账户,用来分类、连续地记录有关经济业务详细情况的账簿。根据经济管理的要求和各种明细分类账记录内容的不同,明细分类账的格式主要有三栏式、数量金额式和多栏式三种。

(一)三栏式明细分类账的设置和登记

三栏式明细分类账的账页只设借方、贷方和余额三个金额栏。它适用于只需反映金额的债权、债务、资本明细账,如"应收账款"、"应付账款"、"实收资本"等账户所属的明细分类账。

会计人员根据审核无误的记账凭证和原始凭证,按经济业务发生的时间先后顺序逐日逐笔进行登记。其账页格式和内容如表 3-33 所示。

表 3-33 三栏式明细分类账

会计科目:应付账款

明细科目:A 公司 第 43 页

2009 年		凭证		摘要	借方	贷方	借或贷	余额
月	日	种类	编号					
8	1			期初余额			贷	85 260
	3	银付	1	付欠款	15 000		贷	70 260
	5	转	5	采购材料		11 700	贷	81 960
	9	转	13	采购材料		9 360	贷	91 320
	13	转	25	采购材料		11 700	贷	103 020
	18	转	33	采购材料		5 850	贷	108 870
	25	银付	25	付欠款	6 000		贷	102 870
	31			本期发生额及余额	21 000	38 610	贷	102 870

（二）数量金额式明细分类账的设置和登记

数量金额式明细分类账的账页，是在其借方（收入）、贷方（发出）和余额（结存）三栏下都分别设有数量、单价和金额三个专栏。这种格式适用于既要进行金额核算，又要进行实物数量核算的各种财产物资明细账，如"原材料"、"库存商品"等账户所属的明细分类账。

会计人员根据审核无误的记账凭证和原始凭证，按经济业务发生的时间先后顺序逐日逐笔进行登记。数量金额式明细分类账的账页格式和内容如表3-34所示。

表3-34　数量金额式明细分类账

原材料明细分类账

材料名称：甲材料　　　　　　　　　　　　　　　　　　　　　　　　　　　　　　　　计量单位：吨

| 2009年 | | 凭证 | | 摘要 | 收入 | | | 发出 | | | 结存 | | |
月	日	种类	编号		数量	单价	金额	数量	单价	金额	数量	单价	金额
8	1			期初							1 265	20	25 300
	5	转	12	入库	400	20	8 000				1 665	20	33 300
	13	转	45	领用				750	20	15 000	915	20	18 300
	25	银付	26	入库	250	20	5 000				1 165	20	23 300
	31			合计	650	20	13 000	750	20	15 000	1 165	20	23 300

（三）多栏式明细分类账的设置和登记

多栏式明细分类账，是根据经济业务的特点和经营管理的需要，在一张账页内按有关明细科目或明细项目分设专栏，用以集中反映各有关明细科目或明细项目的核算资料。会计人员根据审核无误的记账凭证和原始凭证，按经济业务发生的时间先后顺序逐笔进行登记。按明细分类账登记经济业务的不同，多栏式明细分类账的账页又分为借方多栏、贷方多栏和借方贷方多栏三种格式。

1. 借方多栏式明细分类账

借方多栏式明细分类账的账页格式适用于借方需要设多个明细科目或明细项目的账户。费用、成本类明细账，如"在途物资"、"生产成本"、"制造费用"、"管理费用"、"销售费用"和"营业外支出"等账户的明细分类核算，一般采用借方多栏式明细分类账。借方多栏式明细分类账的账页格式和内容如表3-35所示。

表3-35　借方多栏式明细分类账

生产成本明细账

明细账户名称：甲产品

| 2009年 | | 凭证 | | 摘要 | 借　方 | | | | 贷方 | 余额 |
月	日	种类	编号		直接材料	直接人工	制造费用	合计		
8	1			月初余额	5 000	2 000	3 000	10 000		10 000
	31	转	2	领用材料	30 000			30 000		40 000
	31	转	4	分配工资		8 000		8 000		48 000

续表

2009 年		凭证		摘要	借 方				贷方	余额
月	日	种类	编号		直接材料	直接人工	制造费用	合计		
	31	转	6	结转制造费用			17 000	17 000		65 000
	31	转	8	退回剩余材料	2 000			2 000		63 000
	31	转	20	结转完工产品成本					58 300	4 700
	31			本期发生额及余额	33 000	10 000	20 000	63 000	58 300	4 700

温馨提示:借方多栏式明细分类账由于只在借方设多栏,平时在借方登记费用、成本的发生额,贷方登记月末将借方发生额一次转出的数额,所以平时如发生贷方发生额,应该用红字在借方多栏中登记。

2.贷方多栏式明细分类账

贷方多栏式明细分类账的账页格式适用于贷方需要设多个明细科目或明细项目的账户。收入类明细账,如"主营业务收入"和"营业外收入"等账户的明细分类核算,一般采用贷方多栏式明细分类账。贷方多栏式明细分类账的账页格式和内容如表3-36所示。

表 3-36 贷方多栏式明细分类账

主营业务收入明细账

2009 年		凭证		摘要	借方	贷方				余额
月	日	种类	编号			销售甲产品	销售乙产品	...	合计	
8	5	银收	4	销售甲产品		50 000			50 000	50 000
	8	银收	10	销售乙产品			30 000		30 000	80 000
	10	转	6	销售甲产品		20 000			20 000	100 000
	15	银付	46	甲产品退货		10 000			10 000	90 000
	31	转	57	结转收入	90 000					0
	31			本期发生额及余额	90 000	60 000	30 000		90 000	0

温馨提示:贷方多栏式明细分类账由于只在贷方设多栏,平时在贷方登记收入的发生额,借方登记月末将贷方发生额一次转出的数额,所以平时如发生借方发生额,如销售退回,应该用红字在贷方多栏中登记。

3.借方贷方多栏式明细分类账

借方贷方多栏式明细分类账的账页格式适用于借方和贷方均需要设多个明细科目或明细项目的账户。"本年利润"账户的明细分类核算,一般采用借方贷方多栏式明细分类账。借方贷方多栏式明细分类账的账页格式和内容如表3-37所示。

表 3-37　借方贷方多栏式明细分类账

本年利润明细账

年		凭证		摘要	借方		贷方		借或贷	余额
月	日	种类	编号			合计		合计		

三、总分类账与明细分类账的关系及其平行登记

(一)总分类账与明细分类账的关系

总分类账是按照总分类账户分类登记经济业务的账簿,明细分类账是按照明细分类账户分类登记经济业务的账簿。两者既有内在联系,又有区别。

1.联系

①两者所反映的经济业务内容相同。如"库存商品"总分类账与其所属的"甲商品"、"乙商品"等明细分类账户都是用来反映库存商品的收发及结存业务的。

②登账的原始依据相同。登记总分类账户与登记其所属明细分类账户所依据的记账凭证或原始凭证是相同的。

2.区别

①反映经济内容的详细程度不同。总分类账反映资金增减变化的总括情况,提供总括核算资料;明细分类账反映资金运动的详细情况,提供详细资料。如"应收账款"总分类账反映和提供企业应收账款的增减变动及期末总金额,而下设的"宝隆企业"明细账户则反映应收宝隆企业货款的具体情况。

②作用不同。总分类账提供的会计核算资料,是明细分类账的综合,对其所属的明细分类账起着统驭和控制作用;明细分类账提供的详细资料,对其总分类账起着补充和说明的作用。

(二)总分类账与明细分类账的平行登记

在会计核算中,为了确保核算资料的正确、完整,便于账户的核对,必须采用平行登记的方法,在总分类账及其所属的明细分类账之间进行记录。所谓平行登记是指对所发生的每项经济业务,要根据同一会计凭证,一方面登记有关总分类账户,另一方面登记该总分类账户所属各有关明细分类账户的方法。

采用平行登记规则,应注意以下要点:

1.登账依据相同

对于发生的每一项经济业务,应根据审核无误后的相同记账凭证及所附原始凭证,登记有关总分类账户,同时记入该总分类账户所属的各有关明细分类账户。

2.登账期间相同

经济业务发生后,总分类账户和所属明细分类账户应当在同一期间登记入账。这里的期间相同并非指同一时点,因为明细分类账的登记和总分类账的登记可以有先有后,但必须在同一会计期间内登记完成。

【学中做 3-2-10】 有人说"登账的期间相同就是同一天登记总账和所属的明细账",你认为这种说法正确吗?为什么?

3.登账方向一致

这里所指的方向,是指总分类账及所属明细分类账的增减变动方向,而并非是指账户的借贷方向。

➤ 温馨提示:一般情况下,总分类账及其所属的明细分类账都按借方、贷方和余额设三栏登记。这时,在总分类账户及其所属明细分类账户中的借贷记账方向是相同的,如债权、债务结算账户、各类财产物资账户、资本账户等即属于这种情况。但对于采用多栏式格式的明细分类账,某项需要冲减有关项目金额的事项,在明细分类账中只能用红字记入其相反的记账方向,而与总分类账中的记账方向不一致。这样,在总分类账及其所属的明细分类账中,就不可能按相同的借贷记账方向进行登记,但其体现的增减变动方向是一致的。

4.登账金额相等

记入总分类账户的金额应与记入其所属各明细分类账户的金额合计数相等。

综上所述,总分类账户与其所属的明细分类账户,按平行登记规则进行登记可以概括为:依据相同,期间相同,方向一致,金额相等。

一般情况下,根据上述平行登记规则记账之后,总分类账与明细分类账之间会产生下列数量关系:

(1)总分类账有关账户本期发生额与其所属各明细分类账户本期发生额合计数相等。

(2)总分类账有关账户期末余额与其所属明细分类账户期末余额之和相等。

企业应当根据总分类账户与所属的明细分类账户的发生额和余额必然相等的原理,通过检查总分类账户和所属的明细分类账户的记录是否相符来确认记账的正确性。

➤ 温馨提示:以上总分类账和明细分类账的这种勾稽关系,是检查账簿记录是否正确的依据。一般期末都要用这种方法核对总账和所属的明细账,以便及时查错并加以更正,保证会计记录准确无误。

学习内容七:错账更正方法

会计人员填制会计凭证和登记会计账簿,必须严肃认真,一丝不苟,尽最大努力防止出现差错,以保证会计核算质量。如果账簿记录发生错误,必须根据错账发生的具体情况,按照规定的方法予以更正。错账更正的方法一般有划线更正法、红字更正法和补充登记法。

(一)划线更正法

如果在结账之前发现账簿记录有错误,而记账凭证没有错误,即纯属登账时文字或数字上的错误,应采用划线更正法进行更正。

划线更正法的具体做法是:在错误的文字或数字上划一条红线表现注销,然后在红线的上方用蓝字填写正确的文字或数字,并由记账及相关人员在更正处盖章,以明确责任。对于错误的数字,应全部划红线更正,不得只划线更正其中个别错误数字;对于错误的文字,只需划去错误的部分;对已划销的文字或数字,应当保持原有字迹仍可辨认,以备查核。例如,记账人员根据记账凭证登记账簿,将 5 873.21 元误写成 5 783.21 元。应作如下更正:

5 873.21   王丽
~~5 783.21~~   盖章

而不能只将错误的两位数字"78"划红线更正为"87"。

【学中做 3-2-11】 如果在登账前发现记账凭证有误,想想应该如何更正呢?

(二)红字更正法

红字更正法是指用红字冲销原有错误记录,从而更正账簿记录的一种方法。红字更正法一般适用于下列两种情况。

1.记账后,在当年内发现记账凭证中应借、应贷的会计科目或记账方向有错误,应采用红字更正法更正。更正的方法是:先用红字填写一张与原错误记账凭证内容完全相同的记账凭证,冲销原错误记账凭证;然后用蓝字重新填制一张正确的记账凭证,据此登记入账。

【做中学 3-2-1】 天翼公司收到前欠货款 6 000 元,款项存入银行。在编制记账凭证时,应贷科目误记入"应付账款",并已登记入账。

原错误记账凭证所反映的会计分录为:

借:银行存款   6 000
　　贷:应付账款   6 000

更正分录为:

①借:银行存款   6 000
　　贷:应付账款   6 000
②借:银行存款   6 000
　　贷:应收账款   6 000

2.记账后,发现会计科目、借贷方向都没有错,但记录的金额有误,且金额大于应记金额,应采用红字更正法。更正的方法是:将多记的金额,用红字填制一张与原记账凭证应借应贷科目完全相同的记账凭证,以冲销多记的金额,并据此入账。

【做中学 3-2-2】 天翼公司以银行存款支付行政办公用电 1 680 元,在编制会计凭证时,将金额误记为 1 860 元,并已入账。

原错误记账凭证上的会计分录为:

借:管理费用   1 860
　　贷:银行存款   1 860

更正分录为:

借:管理费用   180
　　贷:银行存款   180

【学中做 3-2-12】 天翼公司车间一般性耗费领用材料 26 500 元。编制记账凭证,并已登记入账。该记账凭证所反映的会计分录为:

借:管理费用   62 500
　　贷:原材料   62 500

上述记账凭证及账簿登记正确吗？如果有误,想想又该如何更正呢？

(三)补充登记法

记账后发现会计科目、借贷方向都没有错,但记录的金额有误,且金额小于应记金额,应采用补充登记法。更正的方法是:将少记的金额,用蓝字填制一张与原记账凭证应借应贷科目完全相同的记账凭证,以补充少记的金额,并据此入账。

【做中学 3-2-3】 天翼公司用银行存款支付广告费 5 000 元。在编制记账凭证时,将金额误记为 500 元,少记了 4 500 元,并已登记入账。

原错误记账凭证上的会计分录为:

借:销售费用 　　　　　　　　　　　　　　　　　　　　　　　　500

　　贷:银行存款 　　　　　　　　　　　　　　　　　　　　　　500

更正分录为:

借:销售费用 　　　　　　　　　　　　　　　　　　　　　　　4 500

　　贷:银行存款 　　　　　　　　　　　　　　　　　　　　　4 500

学习内容八:工业企业主要经济业务核算
——会计账簿的登记

【做中学 3-2-4】 根据天翼公司【做中学 3-1-1】—【做中学 3-1-25】经济业务资料及编制的记账凭证,登记现金日记账、银行存款日记账;采用记账凭证账务处理程序,登记总账。

天翼公司 2009 年 12 月 1 日总分类账户期初余额如表 3-38 所示。

表 3-38　天翼公司总分类账户余额表

2009 年 12 月 1 日　　　　　　　　　　　　　　　　　　　单位:元

账户名称	借方余额	贷方余额
库存现金	10 000	
银行存款	300 000	
应收账款	50 000	
原 材 料	50 000	
库存商品	100 000	
固定资产	2 000 000	
累计折旧		200 000
短期借款		100 000
应付账款		10 000
实收资本		1 950 000
盈余公积		50 000
本年利润		200 000
合　　计	2 510 000	2 510 000

一、序时账簿登记

(一)现金日记账登记

现金日记账登记如表 3-39 所示。

表 3-39　库存现金日记账

2009 年		凭证		摘要	对方科目	收入	支出	结余
月	日	种类	编号					
12	1			上月结余				10 000
	9	现付	1	支付材料运费	在途物资		600	9 400
	31			本月合计			600	9 400

(二)银行存款日记账登记

银行存款日记账登记如表 3-40 所示。

表 3-40　银行存款日记账

2009 年		凭证		摘要	对方科目	收入	支出	结余
月	日	种类	编号					
12	1			上月结余				300 000
	1	银收	1	收到投资款	实收资本	680 000		980 000
	5	银收	2	取得借款	短期借款	50 000		1 030 000
	6	银收	3	取得借款	长期借款	500 000		1 530 000
	7	银付	1	购买机器	固定资产		71 400	1 458 600
	8	银付	2	购买设备	在建工程		12 000	
	8	银付	3	支付安装费	在建工程		1 000	
	8	银付	4	购料货税款	原材料		11 700	
	8			本日合计			24 700	1 433 900
	9	银付	5	购料货税款	在途物资		17 550	1 416 350
	15	银收	4	售产品收入	主营业务收入	23 400		1 439 750
	19	银付	6	支付运费	销售费用		1 000	1 438 750
	20	银付	7	支付广告费	销售费用		5 000	1 433 750
	31			本月合计		1 253 400	119 650	1 433 750

二、总分类账簿登记

总分类账登记如表 3-41—表 3-68 所示。

表 3-41　总分类账

会计科目:库存现金

2009 年		凭证		摘要	借方	贷方	借或贷	结余
月	日	种类	编号					
12	1			期初余额			借	10 000
	9	现付	1	支付材料运费		600	借	9 400
	31			本期发生额及余额		600	借	9 400

表 3-42　总分类账

会计科目:银行存款

2009 年		凭证		摘要	借方	贷方	借或贷	余额
月	日	字	号					
12	1			期初余额			借	300 000
12	1	银收	1	收到投资款	680 000		借	980 000
12	5	银收	2	取得借款	50 000		借	1 030 000
12	6	银收	3	取得借款	500 000		借	1 530 000
12	7	银付	1	购买机器		71 400	借	1 458 600
12	8	银付	2	购买设备		12 000	借	1 446 600
12	8	银付	3	支付安装费用		1 000	借	1 445 600
12	8	银付	4	购买材料货税款		11 700	借	1 433 900
12	9	银付	5	购买材料货税款		17 550	借	1 416 350
12	15	银收	4	产品销售收入	23 400		借	1 439 750
12	19	银付	6	支付销售产品运费		1 000	借	1 438 750
12	20	银付	7	支付广告费		5 000	借	1 433 750
12	31			本期发生额及余额	1 253 400	119 650	借	1 433 750

表 3-43　总分类账

会计科目:应收票据

2009 年		凭证		摘要	借方	贷方	借或贷	结余
月	日	种类	编号					
12	1			期初余额			平	0
12	17	转	13	销售产品,收到汇票一张	11 700		借	11 700
12	31			本期发生额及余额	11 700		借	11 700

表 3-44   总分类账

会计科目:应收账款

2009 年		凭证		摘要	借方	贷方	借或贷	结余
月	日	种类	编号					
12	1			期初余额			借	50 000
12	16	转	12	销售产品,款未收	234 000		借	284 000
12	31			本期发生额及余额	234 000		借	284 000

表 3-45   总分类账

会计科目:在途物资

2009 年		凭证		摘要	借方	贷方	借或贷	结余
月	日	种类	编号					
12	1			期初余额			平	0
12	9	银付	5	购买材料	15 000		借	15 000
12	9	现付	6	支付材料运输费	600		借	15 600
12	10	转	3	材料验收入库		15 600	平	0
12	31			本期发生额及余额	15 600	15 600	平	0

表 3-46   总分类账

会计科目:原材料

2009 年		凭证		摘要	借方	贷方	借或贷	结余
月	日	种类	编号					
12	1			期初余额			借	50 000
12	8	银付	4	购买材料	10 000		借	60 000
12	10	转	3	材料验收入库	15 600		借	75 600
12	10	转	4	购买材料	10 000		借	85 600
12	28	转	6	领材料		70 000	借	15 600
12	31			本期发生额及余额	35 600	70 000	借	15 600

表 3-47   总分类账

会计科目:库存商品

2009 年		凭证		摘要	借方	贷方	借或贷	结余
月	日	种类	编号					
12	1			期初余额			借	100 000
12	31	转	11	结转完工入库产品成本	160 200		借	260 200
12	31	转	14	结转销售产品成本		75 000	借	185 200
12	31			本期发生额及余额	160 200	75 000	借	185 200

表 3-48 总分类账

会计科目:固定资产

2009 年		凭证		摘要	借方	贷方	借或贷	结余
月	日	种类	编号					
12	1			期初余额			借	2 000 000
12	7	银付	1	购入不需安装设备一台	61 200		借	2 061 200
12	8	转	2	安装完毕,交付使用	11 300		借	2 072 500
12	31			本期发生额及余额	72 500		借	2 072 500

表 3-49 总分类账

会计科目:累计折旧

2009 年		凭证		摘要	借方	贷方	借或贷	结余
月	日	种类	编号					
12	1			期初余额			贷	200 000
12	31	转	9	计提固定资产折旧		5 000	贷	205 000
12	31			本期发生额及余额		5 000	贷	205 000

表 3-50 总分类账

会计科目:在建工程

2009 年		凭证		摘要	借方	贷方	借或贷	结余
月	日	种类	编号					
12	1			期初余额			平	0
12	8	银付	2	购入需要安装的设备一台	10 300		借	10 300
12	8	银付	3	支付安装费	1 000		借	11 300
12	8	转	2	安装完毕,交付使用		11 300	平	0
12	31			本期发生额及余额	11 300	11 300	平	0

表 3-51 总分类账

会计科目:短期借款

2009 年		凭证		摘要	借方	贷方	借或贷	结余
月	日	种类	编号					
12	1			期初余额			贷	100 000
12	5	银收	2	借入短期借款		50 000	贷	150 000
12	31			本期发生额及余额		50 000	贷	150 000

表 3-52　总分类账

会计科目：应付票据

2009 年		凭证		摘要	借方	贷方	借或贷	结余
月	日	种类	编号					
12	1			期初余额			平	0
12	13	转	5	开出商业汇票一张支付应付账款		11 700	贷	11 700
12	31			本期发生额及余额		11 700	贷	11 700

表 3-53　总分类账

会计科目：应付账款

2009 年		凭证		摘要	借方	贷方	借或贷	结余
月	日	种类	编号					
12	1			期初余额			贷	10 000
12	10	转	4	购买材料		11 700	贷	21 700
12	13	转	5	开出商业汇票一张支付应付账款	11 700		贷	10 000
12	31			本期发生额及余额	11 700	11 700	贷	10 000

表 3-54　总分类账

会计科目：应付职工薪酬

2009 年		凭证		摘要	借方	贷方	借或贷	结余
月	日	种类	编号					
12	1			期初余额			平	0
12	31	转	7	结算工资		100 000	贷	100 000
12	31	转	8	计提福利费		14 000	贷	114 000
12	31			本期发生额及余额		114 000	贷	114 000

表 3-55　总分类账

会计科目：应交税费

2009 年		凭证		摘要	借方	贷方	借或贷	结余
月	日	种类	编号					
12	1			期初余额			平	0
12	7	银付	1	购入不需安装机器一台	10 200		借	10 200
12	8	银付	2	购入需要安装设备一台	1 700		借	11 900
12	8	银付	4	购买材料	1 700		借	13 600
12	9	银付	5	购买材料	2 550		借	16 150

续表

2009 年		凭证		摘要	借方	贷方	借或贷	结余
月	日	种类	编号					
12	10	转	4	购买材料	1 700		借	17 850
12	15	银收	4	销售产品		3 400	借	14 450
12	16	转	12	销售产品,款未收		34 000	贷	19 550
12	17	转	13	销售产品,收到汇票一张		1 700	贷	21 250
12	31	转	15	计算税金		1 000	贷	22 250
12	31			本期发生额及余额	17 850	40 100	贷	22 250

表 3-56 总分类账

会计科目:应付利息

2009 年		凭证		摘要	借方	贷方	借或贷	结余
月	日	种类	编号					
12	1			期初余额			平	0
12	31	转	1	计提利息		250	贷	250
12	31			本期发生额及余额		250	贷	250

表 3-57 总分类账

会计科目:长期借款

2009 年		凭证		摘要	借方	贷方	借或贷	结余
月	日	种类	编号					
12	1			期初余额			平	0
12	6	银收	3	借入长期借款		500 000	贷	500 000
12	31			本期发生额及余额		500 000	贷	500 000

表 3-58 总分类账

会计科目:实收资本

2009 年		凭证		摘要	借方	贷方	借或贷	结余
月	日	种类	编号					
12	1			期初余额			贷	1 950 000
12	1	银收	1	收到投资款		680 000	贷	2 630 000
12	31			本期发生额及余额		680 000	贷	2 630 000

表 3-59　总分类账

会计科目:盈余公积

2009 年		凭证		摘要	借方	贷方	借或贷	结余
月	日	种类	编号					
12	1			期初余额			贷	50 000
12	31			本期发生额及余额			贷	50 000

表 3-60　总分类账

会计科目:本年利润

2009 年		凭证		摘要	借方	贷方	借或贷	结余
月	日	种类	编号					
12	1			期初余额			贷	200 000
12	31			本期发生额及余额			贷	200 000

表 3-61　总分类账

会计科目:生产成本

2009 年		凭证		摘要	借方	贷方	借或贷	结余
月	日	种类	编号					
12	1			期初余额			平	0
12	28	转	6	领材料	60 000		借	60 000
12	31	转	7	结算工资	70 000		借	130 000
12	31	转	8	计提福利费	9 800		借	139 800
12	31	转	10	分配制造费用	20 400		借	160 200
12	31	转	11	结转完工入库产品成本		160 200	平	0
12	31			本期发生额及余额	160 200	160 200	平	0

表 3-62　总分类账

会计科目:制造费用

2009 年		凭证		摘要	借方	贷方	借或贷	结余
月	日	种类	编号					
12	1			期初余额			平	0
12	28	转	6	领材料	5 000		借	5 000
12	31	转	7	结算工资	10 000		借	15 000
12	31	转	8	计提福利费	1 400		借	16 400
12	31	转	9	计提固定资产折旧	4 000		借	20 400
12	31	转	10	分配制造费用		20 400	平	0
12	31			本期发生额及余额	20 400	20 400	平	0

表 3-63 总分类账

会计科目:主营业务收入

2009 年		凭证		摘要	借方	贷方	借或贷	结余
月	日	种类	编号					
12	1			期初余额			平	0
12	15	银收	4	销售产品		20 000	贷	20 000
12	16	转	12	销售产品,款未收		200 000	贷	220 000
12	17	转	13	销售产品收到汇票一张		10 000	贷	230 000
12	31			本期发生额及余额		230 000	贷	230 000

表 3-64 总分类账

会计科目:主营业务成本

2009 年		凭证		摘要	借方	贷方	借或贷	结余
月	日	种类	编号					
12	1			期初余额			平	0
12	31	转	14	结转销售产品成本	75 000		借	75 000
12	31			本期发生额及余额	75 000		借	75 000

表 3-65 总分类账

会计科目:销售费用

2009 年		凭证		摘要	借方	贷方	借或贷	结余
月	日	种类	编号					
12	1			期初余额			平	0
12	19	银付	6	支付运输费	1 000		借	1 000
12	20	银付	7	支付广告费	5 000		借	6 000
12	31			本期发生额及余额	6 000		借	6 000

表 3-66 总分类账

会计科目:营业税金及附加

2009 年		凭证		摘要	借方	贷方	借或贷	结余
月	日	种类	编号					
12	1			期初余额			平	0
12	31	转	15	计算税金	1 000		借	1 000
12	31			本期发生额及余额	1 000		借	1 000

表 3-67 总分类账

会计科目:管理费用

| 2009 年 | | 凭证 | | 摘要 | 借方 | 贷方 | 借或贷 | 结余 |
月	日	种类	编号					
12	1			期初余额			平	0
12	28	转	6	领材料	5 000		借	5 000
12	31	转	7	结算工资	20 000		借	25 000
12	31	转	8	计提福利费	2 800		借	27 800
12	31	转	9	计提固定资产折旧	1 000		借	28 800
12	31			本期发生额及余额	28 800		借	28 800

表 3-68 总分类账

会计科目:财务费用

| 2009 年 | | 凭证 | | 摘要 | 借方 | 贷方 | 借或贷 | 结余 |
月	日	种类	编号					
12	1			期初余额			平	0
12	31	转	1	计提利息	250		借	250
12	31			本期发生额及余额	250		借	250

🖙【项目训练】

一、职业能力判断与选择

(一)判断题

1.审核无误的原始凭证是登记账簿的直接依据。 （ ）

2.会计凭证按其取得的来源不同,可以分为原始凭证和记账凭证。 （ ）

3.现金存入银行时,只编制银行存款收款凭证,不编现金付款凭证。 （ ）

4.发现以前年度记账凭证有错误的,应当用红字填制一张更正的记账凭证。 （ ）

5.企业每项经济业务的发生都必须从外部取得原始凭证。 （ ）

6.企业的"住房基金登记簿"属于序时账簿。 （ ）

7.总分类账簿一般采用多栏式账页格式。 （ ）

8.登记账簿时一般用蓝黑或碳素墨水满格书写,不得使用圆珠笔或钢笔,除会计制度允许外,也不得用红色墨水记账。 （ ）

9.在贷方多栏式明细账中,平时如果发生借方发生额,应该用红字在贷方对应的明细栏中登记。 （ ）

10.三栏式账簿就是具有日期、摘要、金额三栏内容的账页格式。 （ ）

11.采用划线更正法时,最后由审核人员在更正处签名盖章,以明确责任。 （ ）

12.采用记账凭证账务处理程序,登记账簿的工作量大,适用于规模较大、经济业务复杂的企业。 （ ）

13.汇总转账凭证是按每一贷方科目分别设置的记账凭证。 （ ）

14.总分类账的月末借方余额合计数应当同月末贷方余额合计数核对相符。 （ ）

15.按平行登记的要求,对每项经济业务必须在记入总分类账户的当天记入所属的明细分类账户。 （ ）

（二）单项选择题

1.会计凭证按其（ ）的不同,分为原始凭证和记账凭证。

    A.填制的程序和用途   B.填制的手续

    C.来源   D.反映经济业务的数量

2.下列各项中,不能作为原始凭证的有（ ）。

    A.发票   B.领料单

    C.工资结算汇总表   D.合同

3.对真实、合法、合理但内容不准确、不完整的原始凭证,应当（ ）。

    A.不予受理   B.予以受理

    C.予以纠正   D.予以退回,要求更正、补充

4.限额领料单属于（ ）。

    A.外来原始凭证   B.累计凭证

    C.一次凭证   D.汇总凭证

5.差旅费报销单按填制的手续及内容分类,属于原始凭证中的（ ）。

    A.一次凭证   B.累计凭证   C.汇总凭证   D.专用凭证

6.审核原始凭证所记录的经济业务是否符合企业生产经营活动的需要、是否符合有关的计划和预算,属于（ ）审核。

    A.合理性   B.合法性   C.真实性   D.完整性

7.某单位会计部门第8号记账凭证的会计事项需要编制3张记账凭证,则这三张凭证的编号为（ ）。

    A.8、9、10   B.7、8、9

    C.81/3、82/3、83/3   D.1/8、2/8、3/8

8.从银行提取现金,应编制（ ）。

    A.转账凭证   B.现金收款凭证

    C.银行存款付款凭证   D.银行存款收款凭证

9.已经登记入账的记账凭证,在当年内发现有误,可以用红字填写一张与原内容相同的记账凭证,在摘要栏注明（ ）字样,再用蓝字填一张正确的登记入账。

    A.注销某月某日某号凭证   B.订正某月某日某号凭证

    C.经济业务的内容   D.对方单位

10.企业购进材料4 000元,款未付。这笔经济业务应该编制的记账凭证是（ ）。

    A.收款凭证   B.付款凭证   C.转账凭证   D.以上均可

11.审核无误的会计凭证是（ ）的依据。

    A.编制会计报表   B.登记账簿

    C.财产清查   D.编制会计分录

12.某会计人员在审核记账凭证时,发现误将1 000元写成100元,尚未入账,一般应

（　　）改正。

  A. 重新编制记账凭证　　　　　　　　B. 红字更正法

  C. 补充登记法　　　　　　　　　　　D. 冲账法

13. 账簿按（　　）的不同,可分为序时账簿、分类账簿、备查账簿。

  A. 用途　　　　　B. 外表形式　　　　C. 格式　　　　　D. 启用时间

14. 固定资产明细一般采用（　　）账簿。

  A. 活页式　　　　B. 订本式　　　　C. 多栏式　　　　D. 卡片式

15. 现金日记账和银行存款日记账必须采用（　　）账簿。

  A. 活页式　　　　B. 订本式　　　　C. 多栏式　　　　D. 复币

16. "生产成本"、"制造费用"等成本费用类明细账一般采用（　　）账簿。

  A. 三栏式　　　　B. 借方多栏式　　　C. 数量金额式　　　D. 贷方多栏式

17. 能提供某一类经济业务增减变化总括会计信息的账簿是（　　）。

  A. 明细分类账　　B. 总分类账　　　C. 日记账　　　　D. 备查账

18. 总分类账户与明细分类账户的主要区别在于（　　）。

  A. 记账的内容不同　　　　　　　　　B. 记录经济业务的详细程度不同

  C. 记账的方向不同　　　　　　　　　D. 记账的依据不同

19.（　　）是指对所发生的每项经济业务事项,都要以会计凭证为依据,一方面记入总分类账户,另一方面记入总账所属明细分类账户的方法。

  A. 复式记账法　　　　　　　　　　　B. 借贷记账法

  C. 平行登记　　　　　　　　　　　　D. 同时登记

20. 某企业材料总分类账户的本期借方发生额为 25 000 元,本期贷方发生额为 24 000 元,其有关明细分类账户的发生额分别为:甲材料本期借方发生额为 8 000 元,贷方发生额为 6 000 元;乙材料借方发生额为 13 000 元,贷方发生额为 16 000 元;则丙材料的本期借贷发生额分别是（　　）。

  A. 借方发生额为 12 000 元,贷方发生额 2 000 元

  B. 借方发生额为 4 000 元,贷方发生额 2 000 元

  C. 借方发生额为 4 000 元,贷方发生额 10 000 元

  D. 借方发生额为 6 000 元,贷方发生额 8 000 元

（三）多项选择题

1. 下列原始凭证中,属于单位自制原始凭证的有（　　）。

  A. 收料单　　　　　　　　　　　　　B. 限额领料单

  C. 增值税专用发票（记账联）　　　　D. 领料单

2. 原始凭证按照填制手续及内容不同可以分为（　　）。

  A. 一次凭证　　　B. 累计凭证　　　C. 专用凭证　　　D. 汇总凭证

3. 企业应该在月末计算本月应支付职工的工资总额,并形成一项负债。借记（　　）,贷记应付职工薪酬。

  A. 生产成本　　　B. 制造费用　　　C. 财务费用　　　D. 销售费用

4. 专用记账凭证按其所反映的经济业务是否与现金和银行存款有关,通常可以分为（　　）。

 A. 收款凭证   B. 付款凭证   C. 转账凭证   D. 结算凭证

5. 按照规定,除(　　)的记账凭证可以不附原始凭证,其他记账凭证必须附有原始
 凭证。

 A. 提取现金   B. 结账   C. 更正错误   D. 现金存入银行

6. 张三出差回来,报销差旅费1 000元,原预借1 500元,交回剩余现金500元。这笔业
 务应该(　　)。

 A. 只编制500元现金收款凭证   B. 根据500元编制现金收款凭证

 C. 根据1 000元编制转账凭证   D. 编制1 500元转账凭证

7. 本月销售产品一批,价款5 000元(已经预收),产品的生产成本为4 000元。应作的
 会计分录为(　　)。

 A. 借:银行存款   5 000

   贷:主营业务收入   5 000

 B. 借:预收账款   5 000

   贷:主营业务收入   5 000

 C. 借:主营业务成本   5 000

   贷:库存商品   5 000

 D. 借:主营业务成本   5 000

   贷:生产成本   5 000

8. 账簿按其经济用途分类,可以分为(　　)。

 A. 序时账簿   B. 分类账簿   C. 订本账簿   D. 备查账簿

9. 下列账户中,采用数量金额式账簿格式的有(　　)。

 A. 原材料   B. 材料采购   C. 生产成本   D. 库存商品

10. 按照规定,可用红色墨水记账的情况有(　　)。

 A. 按照红字更正法冲销错误记录

 B. 在三栏式账页的余额栏前,如未印明余额方向的,在余额栏内登记负数余额

 C. 在借方多栏式账页中,登记增加数

 D. 在借方多栏式明细账中,平时发生的贷方发生额

11. 错账更正的方法主要有(　　)。

 A. 涂改法   B. 划线更正法   C. 红字更正法   D. 补充登记法

12. 下列各种工作的错误,应当用红字更正法予以更正的是(　　)。

 A. 在登记账簿时将256元误记为265元,记账凭证无误

 B. 在填制记账凭证时,误将"应收账款"科目填为"应付账款",并已登记入账

 C. 在填制记账凭证时,误将3 000元填作300元,尚未入账

 D. 记账凭证中的借贷方向用错,并已入账

13. 收款凭证左上方的"借方科目"中可以填写的会计科目有(　　)。

 A. 库存现金   B. 主营业务收入   C. 原材料   D. 银行存款

14. 在实际应用中,常用的账务处理程序有(　　)。

 A. 记账凭证账务处理程序   B. 科目汇总表账务处理程序

 C. 汇总记账凭证账务处理程序   D. 日记总账账务处理程序

15.能够起到简化登记总分类账工作的账务处理程序的有(　　)。

　　A.汇总记账凭证账务处理程序　　　　B.记账凭证账务处理程序

　　C.科目汇总表账务处理程序　　　　　D.日记总账账务处理程序

二、单项任务实训

(一)填制专用记账凭证

1.资料:红光公司2010年3月31日有关账户余额如下:

账户余额表　　　　　　　　　　　　　　单位:元

账户名称	借方余额	账户名称	贷方余额
库存现金	14 400	短期借款	100 000
银行存款	125 400	应付账款	84 260
原材料	207 960	应交税金	3 250
库存商品	188 740	累计折旧	12 554
应收账款	52 680	实收资本	500 000
其他应收款	900	资本公积	13 590
固定资产	256 454	盈余公积	14 660
		未分配利润	118 220
合　计	846 534	合　计	846 534

4月份发生下列货币资金收付业务:

(1)2日销售给利得工厂A商品100件,每件80元,货款8 000元,货款尚未收到。

(2)3日开出现金支票,从银行提取现金1 800元。

(3)4日采购员王峰预借差旅费900元,以现金支付。

(4)5日接银行收款通知,北城公司归还前欠货款6 500元,已存入银行。

(5)5日以现金186元购买车间用办公用品,交付有关部门使用。

(6)6日向滨海工厂购入A材料100公斤,每公斤70元,款项尚未支付。

(7)10日开出转账支票,以存款1 900元支付购买A材料运费。

(8)12日将12000元现金存入银行。

(9)16日采购员王峰报销差旅费850元并交回现金50元。

(10)25日报销职工市内交通费180元,以现金支付。

(11)27日向大华公司购A材料一批,共计2 340元,已开出转账支票付讫。

(12)28日,接银行收款通知,红华公司100 000元投资款已收妥。

(13)30日,将本月发生的管理费用7 600元,转入"本年利润"账户。

(14)30日,将本月主营业务收入98 000元,转入"本年利润"账户。

2.要求:根据以上经济业务资料,编制专用记账凭证。

(二)登记账簿

1.资料同上。

2.要求:根据填制的记账凭证,登记库存现金日记账、银行存款日记账及总账。

(三)总分类账与明细分类账的平行登记

1.资料:家华公司2010年3月1日有关总分类账户和明细分类账户的余额如下:

"应付账款"账户 50 000 元,其中:天星公司 40 000 元;五爱公司 10 000 元。

3 月份发生如下与材料有关业务(不考虑增值税):

(1)5 日,用银行存款偿付五爱公司 10 000 元。

(2)7 日,4 日从天星公司购入的甲材料 1000 公斤,单价 20 元,从五爱公司购入乙材料 500 公斤,单价 4 元,材料全部验收入库。货款未付。

(3)15 日,用银行存款偿付天星公司 60 000 元。

2.要求:

(1)根据上述经济业务编制会计分录。

(2)根据上述资料及会计分录对"应付账款"账户和所属天星公司、五爱公司明细账进行平行登记。

(3)完成下面"总账与明细账发生额及余额对照表"的填制,并核对总账及所属明细账的登账是否正确。

总账与明细账发生额及余额对照表

账户名称		期初余额		本期发生额		期末余额	
		借方	贷方	借方	贷方	借方	贷方
明细账	天星公司						
	五爱公司						
	合计						
总账	应付账款						

项目四

期末会计工作 >> >> >> >>

知识目标

1. 理解期末会计工作的具体内容；
2. 理解权责发生制和收付实现制；
3. 掌握应计账项和递延账项的调整方法；
4. 掌握各种成本计算与结转方法；
5. 掌握损益结转和利润分配核算；
6. 掌握对账和结账方法；
7. 熟悉财务会计报告内容，掌握资产负债表、利润表的编制方法，了解现金流量表。

能力目标

1. 会在权责发生制和收付实现制下确认收入和费用；
2. 会计算和结转各种成本；
3. 能计算财务成果，掌握利润分配核算；
4. 会进行对账和结账；
5. 能正确编制资产负债表、利润表。

重点

权责发生制；成本计算与结转；结转损益和利润分配；财产清查方法；资产负债表和利润表的编制。

难点

权责发生制下的账项调整；财产清查方法；资产负债表和利润表的编制。

项目引言

在将日常发生的各项经济业务登记入账的基础上，期末要对会计资料作进一步的加工，即所谓的期末处理。首先根据权责发生制原则，采用摊销、预提等方式调整本期的收入和费用；其次根据企业会计制度规定和成本计算的要求计算并结转成本、结转损益，确认本期财务成果，并进行利润分配；最后在对账无误后，进行结账，并根据相关账簿记录编制会计报表。

任务一　账项调整

任务描述

1.根据权责发生制和收付实现制确认会计期间的收入和费用;

2.根据权责发生制进行应计收入、费用和递延收入、费用的调整。

学习内容

日常发生的会计事项,有些会影响到多个会计期间损益的确定。在期末,为了按权责发生制原则客观反映财务成果,必须对这些会计事项在有关会计期间进行调整,即账项调整。

学习内容一:权责发生制

在实际工作中,款项的收支时间与其归属期间(应获得收入和应负担费用的会计期间)往往出现不一致。对收支期和归属期不一致的收入和费用,会计上有两种处理方法:收付实现制和权责发生制。

一、权责发生制

(一)权责发生制确认收入和费用的标准——应收应付

在处理与收入和费用有关的经济业务时,凡属于本期实现的收入,不论款项是否收到,都作为本期收入处理;凡属于本期应负担的费用,不论款项是否实际支付,都作为本期费用处理。

(二)权责发生制确认收入和费用的特点

1.考虑预收款项和预付款项,以及应计收入和应计费用。

2.日常账簿记录不能完整反映本期收入与费用,应于会计期末进行账项调整。

3.核算手续复杂,但反映不同会计期间的收入和费用比较合理,可正确计算经营成果。

温馨提示:《企业会计准则——基本准则》规定,企业会计的确认、计量和报告应当以权责发生制为基础。

【做中学 4-1-1】 天翼公司 2009 年 1 月将闲置的一项固定资产出租给其他单位使用,合同规定,每月租金 3 000 元,租金按季结算,承租方于每季末支付本季度的租金。

该企业在提供出租服务当月,虽未收到租金,但客观上已取得了收取租金的权利,应视作营业收入的实现。因此,各月末应确认和记录已实现的租金收入 3 000 元,并不是在季末收到租金时确认收入。

【做中学 4-1-2】 天翼公司 2009 年 7 月将一项固定资产出租给其他单位使用,每月租金 3 000 元,承租方于每季末支付本季度的租金;销售产品一批,价款 20 000 元,用银行存款收讫;收到上月销售收入 10 000 元,存入银行;支付上季度借款利息 6 600 元;购买本月办公用品一批,价值 600 元,用银行存款付讫;预付下半年财产保险费 6 000 元。要求:核算公司 7 月份实现的收入和发生的费用。

应计入 7 月份实现的收入有租金收入 3 000 元,当月销售产品收入 20 000 元;应计入 7 月份负担的费用有办公用品费用 600 元,财产保险费 1 000 元(支付的保险费应由 6 个月共同负担)。因此

7 月份实现的收入＝3 000＋20 000＝23 000(元)

7 月份负担的费用＝600＋1 000＝1 600(元)

【学中做 4-1-1】 天翼公司 2009 年 3 月份发出商品,实现销售收入 11 700 元,销货款已于上月预收;预收产品销售款 5 000 元;用银行存款支付上月份水电费 8 000 元;用现金 8 500 元支付本月工资费用。要求核算公司 3 月份实现的收入和发生的费用。

二、收付实现制

(一)收付实现制确认收入和费用的标准——实收实付

在处理与收入和费用有关的经济业务时,凡实际收到了款项即作为本期收入处理;凡实际支出了款项即作为本期费用处理,而不问其是否属于本期的收入和费用。

(二)收付实现制确认收入和费用的特点

1. 不考虑预收款项和预付款项,以及应计收入和应计费用。只要款项已收入或支出,就作为当期收入和费用处理。

2. 于会计期末根据账簿记录确定本期收入与费用,不存在期末账项调整问题。

3. 核算手续简单,强调财务状况的切实性,但缺乏不同会计期间的可比性。

温馨提示:目前,我国的行政单位会计采用收付实现制,事业单位会计除经营业务可以采用权责发生制外,其他大部分业务也采用收付实现制。

【学中做 4-1-2】 请举例试着比较在权责发生制和收付实现制下企业收入和费用的结果是否会不同。

【学中做 4-1-3】 核算在收付实现制下,【学中做 4-1-1】中公司 3 月份的收入和费用。

学习内容二:应计账项调整

一、应计收入的调整

应计收入是本期收入已经发生,应入账而未入账的收入,如应入账的营业收入、应收的租金收入、应收的银行存款利息收入等。应计收入的调整一方面增加收入,另一方面也增加资产。

【做中学 4-1-3】　天翼公司 2009 年 1 月 1 日将闲置的一项固定资产出租给其他单位使用,合同规定,每月租金 3 000 元,租金按季结算,承租方于每季末支付本季度的租金。

该企业在提供出租服务当月,虽未收到租金,但客观上已取得了收取租金的权利,应视作营业收入的实现。因此,1、2 月各月末应确认和记录已实现的租金收入,编制会计分录如下:

借:其他应收款　　　　　　　　　　　　　　　　　　　　　3 000
　　贷:其他业务收入　　　　　　　　　　　　　　　　　　　　　3 000

由此可见,如果公司在本期已经获得某一项应计收入但尚未入账,就需要在期末编一笔账项调整分录,将尚未入账的应计收入作为本期收入登记入账。

3 月末收到一季度的租金,编制会计分录如下:

借:银行存款　　　　　　　　　　　　　　　　　　　　　　9 000
　　贷:其他应收款　　　　　　　　　　　　　　　　　　　　　6 000
　　　　其他业务收入　　　　　　　　　　　　　　　　　　　　3 000

【学中做 4-1-4】　2009 年 1 月末、2 月末、3 月末,根据在银行的存款余额和存款利率计算,各月应计银行存款利息收入分别为 4 000 元、3 000 元、1 800 元;4 月 3 日银行已将利息 8 800 元转入公司存款户。计算公司 1 月份、2 月份、3 月份和 4 月份的利息收入并编制会计分录。

　温馨提示:银行对企业的存款通常按季结息,但根据权责发生制要求,企业在每个月末应确认利息收入;确认的利息收入应冲减"财务费用"。

二、应计费用的调整

应计费用是本期费用已经发生,应入账而未入账的费用,如借款利息、租用的房租等。应计费用的调整一方面确认费用,另一方面也会增加负债。

【做中学 4-1-4】　2009 年 7 月 2 日天翼公司向银行借入期限为 6 个月的借款 600 000 元,年利率 6%,存入企业银行账户。该项借款按季支付利息,到期还本。

根据权责发生制原则,该公司应在借款期内各月末进行账项调整,预提本月应负担的利息,将利息费用计入财务费用。编制会计分录如下:

2009 年 7 月 31 日,预提未付利息,计入"财务费用":

借:财务费用　　　　　　　　　　　　　　　　　　　　　　3 000
　　贷:应付利息　　　　　　　　　　　　　　　　　　　　　　3 000

2009 年 9 月 30 日,支付三个月的利息:

借:应付利息　　　　　　　　　　　　　　　　　　　　　　6 000
　　财务费用　　　　　　　　　　　　　　　　　　　　　　3 000
　　贷:银行存款　　　　　　　　　　　　　　　　　　　　　9 000

【学中做 4-1-5】　2010 年 1 月 2 日天翼公司向银行借入二年期的借款 1 000 000 元,年利率 9%,存入企业银行账户。该项借款按季支付利息,到期还本。计算天翼公司 1 月 31 日、2 月 28 日预提的利息,并编制利息处理的会计分录。

学习内容三：递延账项调整

一、预收收入的调整

企业的预收收入包括预收货款和预收资金等。按照权责发生制，收入的实现不以收到货款为标准，在采用预收货款结算方式下，应在商品发出或劳务提供时，作为营业收入的实现。预收收入不能作为企业已经实现的收入，只有在以后交付产品或提供劳务后，才可以转作收入。因此，每期的会计期末，都要对预收收入账项进行调整，将已经实现的部分转入本期的收入账户，未实现部分递延到以后的会计期间。

具体地讲，预收收入于现金收取时记为负债，如预收货款、预收利息、预收房租等，借记"银行存款"，贷记"预收账款"；随着产品的交付、劳务的提供，已经实现的部分从负债账户调整到收入账户，相应地冲减"预收账款"。

【做中学 4-1-5】　天翼公司于 2009 年 1 月 2 日收到商场预付的购货订金 140 400 元，款项存入银行。合同约定，天翼公司于 2009 年 2 月至 2009 年 4 月每月向商场提供 10 台 A 产品，每台售价 4 000 元，生产成本每台 3 000 元，增值税税率 17%。

公司于 2009 年 1 月 2 日收到所有货款时，编制会计分录如下：

借：银行存款	140 400
贷：预收账款	140 400

公司 2009 年 2 月、3 月、4 月各月末（或发出商品时）进行账项调整，确认营业收入，编制会计分录如下：

借：预收账款	46 800
贷：主营业务收入	40 000
应交税费—应交增值税（销项税额）	6 800

【学中做 4-1-6】　2009 年初天翼公司出租房屋，租期为 1 年，收到 1 年的租金 72 000元。确认天翼公司 1 月份的租金收入并编制分录。

二、预付费用的调整

企业的预付费用是一种支付在先，受益期摊销的跨期费用，如预付的保险费、预付租金、租入固定资产的改良支出及大修理支出等。按照权责发生制，预付费用应根据后续各期的收益情况分期摊销费用，确认各期应负担的费用。

预付费用根据其递延受益期的长短，通常分为短期待摊费用和长期待摊费用。短期待摊费用通过"预付账款"账户核算，长期待摊费用通过"长期待摊费用"账户核算。预付费用于现金支付时计入有关资产账户，借记"预付账款"或"长期待摊费用"，贷记"银行存款"；在各受益期末按一定方法摊销本期应负担的费用，从资产账户调整到费用账户，相应地冲减"预付账款"或"长期待摊费用"。

【做中学 4-1-6】　天翼公司于 2009 年 1 月 1 日以银行存款支付本年度财产保险费12 000元。计算 1 月份应摊销的财产保险费并编制分录。

支付保险费时：

借:预付账款—预付保险费　　　　　　　　　　　　　　　　　　　　12 000
　　贷:银行存款　　　　　　　　　　　　　　　　　　　　　　　　　　12 000

2009 年各月末进行账项调整,摊销本月应承担的保险费,则 1 月份应摊销的财产保险费＝12 000÷12＝1 000 元,编制会计分录如下:

借:管理费用　　　　　　　　　　　　　　　　　　　　　　　　　　　1 000
　　贷:预付账款—预付保险费　　　　　　　　　　　　　　　　　　　1 000

任务二　成本计算与结转

任务描述

1.材料采购成本的计算与结转;

2.发出材料成本的计算与结转;

3.完工产品生产成本的计算与结转;

4.销售产品成本的计算与结转。

学习内容

学习内容一:材料采购成本的计算与结转

一、材料采购成本的计算

材料采购成本的计算,就是把企业在材料采购过程中发生的材料买价和采购费用等,按照材料的批量、品种等加以归集,计算采购总成本和单位成本。材料的采购成本,一般是按月计算的。

(一)材料采购成本的内容

材料采购成本由材料的买价和采购费用组成。

1.买价

买价是指企业采购材料时,按发票价格所支付的货款。在一般情况下,这是材料采购成本的重要组成部分。

2.运杂费

运杂费包括企业采购材料过程中支付的运输费、装卸费和途中保险费等。

3.途中合理损耗

途中合理损耗是指材料运输途中发生的定额内损耗。

4.所购材料负担的其他费用

(二)材料采购成本的计算方法

1.单耗费用的计算方法

企业在采购材料时,若只购买一种材料,为此发生的采购费用(单耗费用)受益对象只有这一种材料。所以该材料的采购成本为买价和采购费用的直接加总。

【做中学 4-2-1】 2009 年 2 月 7 日天翼公司从海丰工厂购进甲材料 7 吨,单价 650 元,材料的运杂费 350 元。甲材料已验收入库,发票账单同时收到,货款尚未支付。

甲材料的采购成本＝650×7＋350＝4 900(元)

【学中做 4-2-1】 天翼公司从光明工厂购入甲材料 40 吨、单价 700 元,乙材料 60 吨、单价 900 元,买价共计 82 000 元。上述款项已通过银行支付,材料尚未到达。计算甲、乙材料的采购成本。

2.共耗费用的计算方法

企业在采购材料时,若购买两种或两种以上的材料,为此发生的采购费用(共耗费用),需要选择合理的分配标准(如材料物资的重量、买价等)进行分配确认。共耗费用的分配计算方法如下:

采购费用分配率＝采购费用总额÷各种材料的分配标准之和

某种材料应分摊的采购费用＝采购费用分配率×该种材料的分配标准

【做中学 4-2-2】 天翼公司于 2009 年 2 月 8 日购入甲、乙两种材料,甲材料 10 吨,每吨 600 元;乙材料 2 吨,每吨 800 元。增值税为 1292 元。采购过程中共发生运杂费 1 200 元。货款及运杂费均以银行存款支付,材料未验收入库。运杂费按材料的重量进行分配。计算本期甲、乙材料的采购成本。

甲、乙两种材料的买价可以直接计入甲、乙两种材料的采购成本,但支付的运杂费 1 200 元需要按重量在两种材料之间进行分配。

运输费用的分配率＝1 200÷(10＋2)＝100(元/吨)

甲材料分摊的运杂费＝100×10＝1 000(元)

乙材料分摊的运杂费＝100×2＝200(元)

甲、乙两种材料的采购成本计算如表 4-1 所示。

表 4-1　采购成本计算表

材料名称	单位	数量	单价(元)	买价	运杂费	总成本	单位成本
甲材料	吨	10	600	6 000	1 000	7 000	700
乙材料	吨	2	800	1 600	200	1 800	900
合计	—	12	—	7 600	1 200	8 800	—

该项经济业务编制的会计分录如下:

借:在途物资—甲　　　　　　　　　　　　　　　　　　7 000

　　　　　—乙　　　　　　　　　　　　　　　　　　1 800

　　　应交税费—应交增值税(进项税额)　　　　　　　1 292

　　贷:银行存款　　　　　　　　　　　　　　　　　　10 092

【学中做 4-2-2】 天翼公司从广发公司购入 A、B 两种材料，A 材料 40 吨，单价 600 元，买价为 24 000 元；B 材料 60 吨，单价 800 元，买价为 48 000 元，合计 72 000 元。增值税税率 17%。两材料的运杂费 2 800 元，运费按材料重量比例分配。材料未验收入库，款项全部用银行存款支付。计算 A、B 材料的采购成本并编制会计分录。

二、材料采购成本的结转

当企业材料采购业务较少时，材料入库时可在日常处理中逐笔计算并结转材料采购成本。当企业材料采购业务较多时，材料入库时在日常处理中只根据收料单登记原材料的明细分类账，以反映原材料的增减变化情况，而不编制结转材料采购成本的记账凭证。定期根据收料单汇总编制"材料收入汇总表"，并据以编制结转材料采购成本的记账凭证。

【做中学 4-2-3】 【做中学 4-2-2】中甲、乙材料 10 日运达企业并验收入库，结转材料采购成本。该项经济业务编制的会计分录如下：

借：原材料—甲 7 000
　　　 —乙 1 800
　　贷：在途物资 8 800

【做中学 4-2-4】 若天翼公司在日常核算中只根据入库单登记原材料明细分类账，月末根据本月入库单汇总编制"材料收入汇总表"如表 4-2 所示。

表 4-2　材料收入汇总表

材料名称	对应科目	计量单位	数量		金额（元）			
			应收	实收	单价	买价	运杂费	合计
甲材料	在途物资	吨	7	7	650	4 550	350	4 900
			10	10	600	6 000	1 000	7 000
			60	60	700	42 000		42 000
乙材料	在途物资	吨	2	2	800	1 600	200	1 800
合计			79	79	—	—	—	55 700

根据以上材料收入汇总表，编制会计分录如下：
借：原材料—甲材料 53 900
　　　 —乙材料 1 800
　　贷：在途物资 55 700

学习内容二：发出材料成本的计算与结转

一、发出材料成本的计算

企业应当根据实际情况合理地选择发出材料成本的计算方法，以合理确定当期发出材料的实际成本。实际中，主要会采用个别计价法、先进先出法、加权平均法等。

二、发出材料成本的结转

当企业材料发出业务较少时,材料的发出可根据领料单,逐笔编制结转发出材料成本的记账凭证,并据以登记相关明细账和总分类账。当企业材料发出业务较多时,日常发料时,只根据领料单登记原材料的明细分类账,暂不编制结转发出材料成本的记账凭证,定期根据领料单汇总编制"发出材料汇总表",并据以编制结转发出材料成本的记账凭证。

【做中学 4-2-5】 2009 年 2 月 5 日天翼公司车间领用甲材料 30 吨,单价 700 元,用于生产 A 产品。会计部门根据领料单编制发出材料的结转分录。

该项经济业务编制的会计分录如下:

借:生产成本—A 产品	21 000
贷:原材料—甲材料	21 000

【做中学 4-2-6】 若 2009 年 2 月 11 日天翼公司会计部门根据本月的领料单编制发料凭证汇总表,如表 4-3 所示。

表 4-3 发出材料汇总表

领料部门及用途		甲材料	乙材料	丙材料	合计
生产领用	A 产品	340 000	60 000		400 000
	B 产品	55 000	188 000		243 000
车间一般耗用			15 000		15 000
行政管理部门耗用				6 000	6 000
合计		395 000	263 000	6 000	664 000

该项经济业务编制的会计分录如下:

借:生产成本—A 产品	400 000
—B 产品	243 000
制造费用	15 000
管理费用	6 000
贷:原材料—甲材料	395 000
—乙材料	263 000
—丙材料	6 000

【学中做 4-2-3】 天翼公司在日常核算中只根据领料单登记原材料的明细分类账,4 月末根据本月领料单汇总编制"发出材料汇总表"如表 4-4 所示。要求:根据"发出材料汇总表"编制分录。

表 4-4 发出材料汇总表

领料部门及用途	A 材料	B 材料	合计
生产车间:甲产品生产	350 000	60 000	410 000
乙产品生产	150 000		150 000
一般耗用	40 000	5 000	45 000
销售部门	10 000		10 000
管理部门	2 000		2 000
合计	552 000	65 000	617 000

学习内容三:完工产品生产成本的计算与结转

一、制造费用的分配结转

制造费用是生产成本的组成部分,月末要将该月发生的制造费用进行归集和分配,从"制造费用"账户的贷方转入相关产品的"生产成本"账户的借方。

企业的生产车间若只生产一种产品,各项制造费用和该产品所耗费的材料、人工等直接费用合并确认为该产品的生产成本。

若生产两种或两种以上的产品,制造费用首先需要选择合理的分配标准(如按生产工人的工资比例、产品生产工时和机器工时等)在产品间进行分配。

制造费用分配率=制造费用总额÷各种产品分配标准之和

某种产品应分摊的制造费用=该产品的分配标准×分配率

【做中学 4-2-7】 2009 年 12 月末,归集和分配本月发生的制造费用为 69 335 元,分配转入 A、B 两种产品生产成本(以 A、B 产品生产工人工资作为分配标准,其中:A 产品生产工人工资 50 000 元,B 产品生产工人工资 20 000 元)。

制造费用的归集过程如图 4-1 所示。该月发生的制造费用共计 20 400 元,A、B 产品生产工人工资分别是 50 000 元和 20 000 元,制造费用分配计算如下:

制造费用分配率=20 400÷(50 000+20 000)=0.291428

A 产品应负担的制造费用=50 000×0.291428=14 571(元)

B 产品应负担的制造费用=20 000×0.291428=5 829(元)

制造费用分配结转会计分录如下:

借:生产成本—A 产品   14 571

　　　　—B 产品   5 829

　　贷:制造费用   20 400

借方	制造费用	贷方
【做中学 3－1－13】 5 000	20 400	
【做中学 3－1－14】 10 000		
【做中学 3－1－15】 1 400		
【做中学 3－1－16】 4 000		
20 400		

借方	生产成本—A	贷方
	14 571	

借方	生产成本—B	贷方
	5 829	

图 4-1   制造费用的归集与分配

【学中做 4-2-4】   2009 年 3 月末,归集和分配天翼公司本月发生的制造费用为 29 400 元,分配转入甲、乙两种产品生产成本(以甲、乙产品生产工人工资作为分配标准,甲、乙产品生产工人工资分别是 90 000 元和 50 000 元)。要求:分配和结转本月的制造费用。

二、完工产品成本的计算与结转

根据生产成本明细账及完工产品入库单,计算出本月完工产品成本,编制结转完工产品成本的记账凭证并据以登记入账。

【做中学 4-2-8】   月末,天翼公司生产的 A、B 产品完工结转入库。A、B 产品成本计算单如表 4-5、表 4-6 所示。

表 4-5   A 产品成本计算单

单位:元

摘要	成本项目			成本合计
	直接材料	直接人工	制造费用	
月初余额				
领用材料	30 000			30 000
职工薪酬		57 000		57 000
分配制造费用			14 571	14 571
合计	30 000	57 000	14 571	101 571
转出完工产品成本	30 000	57 000	14 571	101 571
月末在产品成本	—	—	—	—

表4-6　B产品成本计算单　　　　单位:元

摘　要	成本项目			成本合计
	直接材料	直接人工	制造费用	
月初余额				
领用材料	30 000			30 000
职工薪酬		22 800		22 800
分配制造费用			5 829	5 829
合计	30 000	22 800	5 829	58 629
转出完工产品成本	30 000	22 800	5 829	58 629
月末在产品成本	—	—	—	—

表4-7　产品入库单　　　　单位:元

产品名称	单位	交付数量	实收数量	单位成本	金　额
A产品	件	3 000	3 000	33.857	101 571
B产品	件	600	600	97.715	58 629

天翼公司生产的A产品、B产品全部完工并验收入库,结转完工A产成品成本101 571元;结转完工B产成品成本58 629元。该项经济业务编制的会计分录如下:

借:库存商品—A产品　　　　101 571
　　　　　—B产品　　　　　58 629
　贷:生产成本—A产品　　　　101 571
　　　　　—B产品　　　　　58 629

【学中做4-2-5】　月末,甲、乙产品成本计算单如表4-8、表4-9所示,计算并结转完工入库产品成本。

表4-8　甲产品成本计算单　　　　单位:元

摘　要	成本项目			合计
	直接材料	直接人工	制造费用	
月初余额				
生产领料	43 000			43 000
工人工资		90 000		90 000
工人福利费		1 680		1 680
分配制造费用			18 900	18 900
生产费用合计	43 000	91 680	18 900	153 580
完工产品总成本	43 000	91 680	18 900	153 580
月末在产品成本	—	—	—	—

表 4-9　乙产品成本计算单　　　　　　　　　单位:元

摘　要	成本项目			合计
	直接材料	直接人工	制造费用	
月初余额				
生产领料	26 000			26 000
工人工资		50 000		50 000
工人福利费		1 400		1 400
分配制造费用			10 500	10 500
生产费用合计	26 000	51 400	10 500	87 900
完工产品总成本	—	—	—	—
月末在产品成本	26 000	51 400	10 500	87 900

学习内容四:销售产品成本的计算与结转

销售产品成本＝销售数量×产品单位成本

根据本期销售产品的出库单以及库存商品明细分类账,计算本期销售产品的实际生产成本,并将其结转入"主营业务成本"账户。

【做中学 4-2-9】　月末,天翼公司根据本期销售产品的出库单以及库存商品明细分类账结转已销产品生产成本。

表 4-10　产成品出库单　　　　　　　　　单位:元

产品名称	单位	数量	单位成本	金额	用途
A 产品	件	3 000	33.857	101 571	销售
B 产品	件	600	97.715	58 629	销售

该项经济业务编制的会计分录如下:

借:主营业务成本　　　　　　　　　　　　　　　　　　　160 200
　　贷:库存商品—A 产品　　　　　　　　　　　　　　　　101 571
　　　　　　　—B 产品　　　　　　　　　　　　　　　　　58 629

任务三　结转损益与利润分配

任务描述

1. 整理损益类账户,期末结转损益类账户,并计算财务成果;

2. 根据当期应纳税所得额和调整项目,计算所得税费用并进行结转;

3. 计算净利润,将年度净利润结转到"利润分配"账户;

4. 进行利润分配核算;

5. 根据天翼公司【做中学 3-1-1】—【做中学 3-1-25】经济业务资料及登记的总账,结转 12 月损益类账户,计算并结转所得税,对净利润进行分配。

学习内容

学习内容一:结转本期损益类账户

根据相关规定,期末企业应结算账目,计算当期损益。

一、设置"本年利润"账户

"本年利润"账户用来核算企业在本年度实现的净利润(或净亏损)。贷方登记期末从各损益收入类账户的转入数额;借方登记期末从各损益支出类账户的转入数额;收入和支出相抵后,贷方余额表示本期实现的净利润;借方余额表示本期发生的净亏损。年度终了,应将本年收入与本年支出相抵结出本年实现的净利润(或净亏损),然后转入"利润分配——未分配利润"账户。结转后该账户无余额。

二、账务处理

(一)将本期取得的各项收入结转到"本年利润"账户

【做中学 4-3-1】　天翼公司结转 2009 年 12 月份主营业务收入 230 000 元。如图 4-2 所示。

借方	主营业务收入	贷方	借方	本年利润	贷方
230 000	【做中学 3-1-19】 20 000				230 000
	【做中学 3-1-20】 200 000				
	【做中学 3-1-21】 10 000				
		230 000			

图 4-2 收入的归集与结转

该项经济业务编制的会计分录如下：

借:主营业务收入   230 000

    贷:本年利润   230 000

(二)将本期发生的费用结转到"本年利润"账户

【做中学 4-3-2】 天翼公司结转 2009 年 12 月份主营业务成本 75 000 元、营业税金及附加 1 000 元,销售费用 6 000 元,管理费用 28 800 元,财务费用 250 元。

该项经济业务编制的会计分录如下：

借:本年利润   111 050

    贷:主营业务成本   75 000

       营业税金及附加   1 000

       销售费用   6 000

       管理费用   28 800

       财务费用   250

三、计算本期的经营成果

营业利润＝营业收入－营业成本－营业税金及附加－销售费用－管理费用－财务费用－资产减值损失＋公允价值变动净收益＋投资净收益

利润总额＝营业利润＋营业外收入－营业外支出

净利润＝利润总额－所得税费用

【做中学 4-3-3】 根据【做中学 4-3-1】和【做中学 4-3-2】,计算天翼公司 12 月经营成果。

营业利润＝主营业务收入－主营业务成本－营业税金及附加－销售费用－管理费用－财务费用

    ＝230 000－75 000－1 000－6 000－28 800－250

    ＝118 950(元)

利润总额＝营业利润＋营业外收入－营业外支出＝118 950(元)

学习内容二:计算并结转所得税

一、设置"所得税费用"账户

"所得税费用"账户用来反映和监督企业按规定从本期损益中扣除的所得税费用。该账户借方登记企业应计入本期损益的所得税额;贷方登记期末转入"本年利润"账户的所得税额;结转后该账户无余额。

二、计算应交所得税

所得税是根据企业应纳税所得额的一定比例上交的一种税。应纳税所得额应在企业税前会计利润的基础上调整确定。

$$应交所得税额＝应纳税所得额×适用税率$$
$$＝(利润总额±调整项目)×适用税率$$

【做中学 4-3-4】 天翼公司 12 月利润总额为 118 950 元,适用所得税税率为 25％,本月无纳税调整事项,则应交所得税额为 29 737.5(118 950×25％)元。

该项经济业务编制的会计分录如下:

借:所得税费用　　　　　　　　　　　　　　　　　　　　　29 737.5
　贷:应交税费—应交所得税　　　　　　　　　　　　　　　　　29 737.5

三、结转所得税

【做中学 4-3-5】 结转天翼公司 12 月应交所得税额 29 737.5 元。

该项经济业务编制的会计分录如下:

借:本年利润　　　　　　　　　　　　　　　　　　　　　　29 737.5
　贷:所得税费用　　　　　　　　　　　　　　　　　　　　　29 737.5

天翼公司 12 月实现净利润为 89 212.5(118 950－29 737.5)元,2009 年实现净利润为 289 212.5(200 000＋89 212.5)元。

学习内容三:利润分配

一、利润分配程序

企业当期实现的净利润加上年初未分配利润(或减去年初未弥补亏损)和其他转入后的余额,为可供分配的利润。可供分配的利润应当按照下列顺序进行分配:

(一)提取法定盈余公积

按当年实现净利润的 10％提取。法定盈余公积累计额已达注册资本的 50％时,可以不再提取。

(二)提取任意盈余公积

(三)向投资者分配利润(或股利)

温馨提示:利润分配只在年终进行。

二、利润分配的核算

(一)账户设置

1."利润分配"账户

"利润分配"账户用来核算企业利润分配的过程、去向和利润分配的余额。借方登记按规定提取的盈余公积、应付股利等已分配的利润数额;贷方登记年终从"本年利润"转入的全年实现的净利润数额;账户贷方余额,表示年末尚未分配利润;账户借方余额,表示尚未弥补的亏损。该账户根据利润分配的具体项目,设置明细分类账户。

2."盈余公积"账户

"盈余公积"账户用来核算企业从净利润中提取的盈余公积和使用情况。贷方登记提取的盈余公积;借方登记减少的盈余公积(弥补亏损或转增资本);期末贷方余额表示企业盈余公积的结余数。

3."应付股利"账户

"应付股利"账户用来核算企业向投资者支付利润的情况。贷方登记应支付给投资者的利润;借方登记实际支付给投资者的股利;期末贷方余额表示应付而尚未支付的股利。

(二)账务处理

利润结转和分配过程如图 4-3 所示。

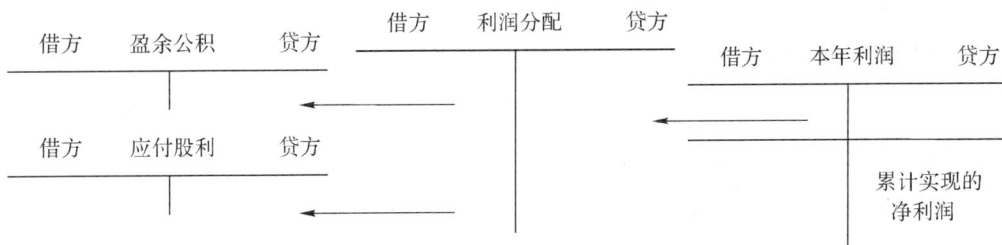

图 4-3 利润的结转和分配

【做中学 4-3-6】 12 月 31 日,天翼公司将 2009 年实现的净利润 289 212.5 元转入"利润分配—未分配利润"账户。

该项经济业务编制的会计分录如下:

借:本年利润   289 212.5
　　贷:利润分配—未分配利润   289 212.5

【做中学 4-3-7】 天翼公司按净利润的 10% 提取法定盈余公积。

该项经济业务编制的会计分录如下:

借:利润分配—提取法定盈余公积   28 921.25
　　贷:盈余公积   28 921.25

【做中学 4-3-8】 天翼公司按照批准的利润分配方案,向投资者分配现金股利 100 000元。该项经济业务编制的会计分录如下:

借:利润分配—应付股利   100 000
　　贷:应付股利   100 000

【做中学 4-3-9】 天翼公司将"利润分配"账户所属的各明细分类账户的借方分配数结转到"利润分配—未分配利润"账户。

该项经济业务编制的会计分录如下:

借:利润分配—未分配利润   128 921.25
　　贷:利润分配—提取法定盈余公积   28 921.25
　　　　—应付股利   100 000

任务四　对　账

任务描述

1. 理解对账的目的和内容；

2. 进行账证、账账核对；

3. 理解账实核对的意义；掌握货币资金、实物资产、往来款项的财产清查方法；进行财产清查结果的账务处理。

学习内容

对账就是核对账目，是指企业、行政事业单位在结账前，进行账簿记录和会计凭证之间、各账簿之间、账簿记录和实物及货币资产实际结存数之间核对，以保证账证相符、账账相符和账实相符。对账工作每月至少进行一次。

学习内容一：账证核对

账证核对是指将各种账簿的记录与有关的会计凭证进行核对，包括账簿与原始凭证核对、账簿与记账凭证核对。

一、账簿与原始凭证核对

主要是对账簿记录的经济业务的真实性、合法性和合理性进行检查。

二、账簿与记账凭证核对

主要是检查过账工作是否正确，即是否根据记账凭证记入相关的日记账、明细账和总分类账，记录的金额和方向是否与记账凭证上指明的金额和方向相同。

月末，如果对账中发现账账不符、账实不符，应根据试算平衡等方式发现的记账错误，按一定的线索将账簿记录与会计凭证进行核对，以确保账证相符。

【学中做 4-4-1】　将天翼公司 12 月份的账簿记录与相关的会计凭证进行核对。

学习内容二：账账核对

账账核对是指各账簿之间的相关数据的相互核对。主要内容：

一、总分类账中各账户期末借方余额合计数与期末贷方余额合计数相等核对

二、各总分类账户的期末余额与其所属各明细分类账户的期末余额合计数相等核对

三、现金日记账和银行存款日记账的期末余额与总分类账中各该账户期末余额相等核对

四、会计部门各种财产物资明细分类账的期末余额与财产物资保管或使用部门的有关财产物资明细账的余额相等核对

【学中做 4-4-2】 根据天翼公司 2009 年 12 月的总账有关账户发生额和余额,编制 12 月份试算平衡表,并对总分类账簿记录进行核对。

【学中做 4-4-3】 将天翼公司"应收账款"账户余额和其所属明细账户余额进行核对。

【学中做 4-4-4】 将天翼公司"库存现金"和"银行存款"总分类账户余额,与现金日记账和银行存款日记账余额进行核对。

学习内容三:账实核对

账实核对也称财产清查,是重要的对账内容。

一、财产清查的概念

财产清查是指通过实地盘点、核对、查询等方法,确定各项财产物资、货币资金、往来款项的实际结存数,并与账面结存数相核对,以确定账实是否相符的一种专门方法。

在实际工作中,会由于多方面的原因造成各项财产物资的账面结存数与实际结存数不符,一般来讲,造成账实不符的原因主要有以下几种。

(1)财产物资收发时,由于度量衡具的误差造成的差异。

(2)工作人员在填制凭证、登记账簿的过程中,出现重记、漏记、错记或计算错误。

(3)财产物资在保管中发生自然损耗,如鲜活商品的腐烂变质、易挥发物资的自然挥发等造成数量或质量上的降低。

(4)由于管理不善或工作人员失职,而发生的财产物资残损、变质、短缺,如将物资露天堆放,遭受雨淋发生霉变等。

(5)由于贪污盗窃、营私舞弊造成财产损失。

(6)由于发生自然灾害,如水灾、火灾、地震,造成财产物资损失。

(7)在结算过程中,由于往来双方记账时间不一致造成记录上的差异。

二、财产清查的种类

财产清查按不同分类标准,可以分为不同的类别。

(一)按清查对象的范围,可分为全面清查和局部清查

1.全面清查

全面清查是指对全部的财产物资及往来款项进行盘点和核对。由于全面清查涉及范围广、内容多、工作量较大,一般只在下列情况下进行。

(1)年终决算前。

(2)清产核资或资产评估。

（3）企业破产清算、撤销、合并、改制或改变隶属关系。

（4）单位主要负责人调离工作。

2.局部清查

局部清查是指对部分财产物资及往来款项进行盘点和核对。其清查的对象主要是重要财产和流动性较大的财产。

（1）库存现金应由出纳人员在每日营业终了时清查一次。

（2）流动性强的物资，如原材料、在产品、产成品等，在年度内轮流或抽查进行清查。

（3）银行存款和银行借款，每月与银行核对一次。

（4）往来款项，每年至少要核对一至两次。

（5）贵重物资，每月至少清点一次。

（二）按清查的时间，可分为定期清查和不定期清查

1.定期清查

定期清查是指按预先计划安排的时间进行的清查。一般在月度、季度、年度末对账时进行。定期清查可以是全面清查，如年末进行的清查；也可以是局部清查，如月末、季末进行的清查。

2.不定期清查

不定期清查是指根据实际需要而进行的临时性清查。与定期清查相同的是，不定期清查可以是全面清查，也可以是局部清查。

三、财产物资的盘存制度

财产物资的盘存制度是指确定财产物资账面结存数的核算方法，包括永续盘存制和实地盘存制。

（一）永续盘存制

永续盘存制又称账面盘存制，是指根据账簿记录，计算期末财产物资账面结存数的方法。采用这种方法，平时对财产物资的增加、减少都要根据相关会计凭证在明细账簿中逐日逐笔进行登记，并随时结出账面结存数，计算公式为：

$$期末账面结存数＝期初账面结存数＋本期增加数－本期减少数$$

采用永续盘存制，要求对财产物资的增减变化进行逐日逐笔登记，财产物资的明细核算工作量较大，但财产物资的明细账可随时动态反映其增减变化情况，便于对财产物资进行监控和管理，因此，各单位的财产物资一般应采用永续盘存制。

（二）实地盘存制

实地盘存制是指根据财产清查结果，确定期末财产物资账面结存数量的方法。采用这种方法，平时只根据会计凭证在账簿上登记财产物资的增加数，不登记减少数。月末，根据实地盘点来确定财产物资的实际结存数量，计算期末账面结存金额，然后根据"期初结存＋本期增加－期末结存＝期末减少"倒轧出本期减少数量和金额。

采用实地盘存制，明细核算工作较简单，但财产物资的明细账不能随时反映财产物资的增减变化情况；另外，由于根据实际结存来倒轧本期发出成本，凡未包含在期末实际结存中的减少都被视为销售或耗用，从而掩盖了贪污、盗窃、浪费等非正常损耗，不利于财产物资的安全有效管理。因此，实地盘存制一般只适用于价值低、易于损耗、进出频繁和计量确

有困难的财产物资,特别是对易腐烂变质的鲜活商品等可以采用。

四、财产清查的方法

(一)货币资金的清查方法

货币资金的清查一般包括库存现金和各种银行存款的清查。

1.库存现金的清查方法

库存现金的清查是指通过实地盘点,确定库存现金的实存数,再与现金日记账余额核对,以查明库存现金的盈亏情况。库存现金的盘点,应由清查人员和出纳人员共同负责。清查程序如下。

(1)清查前,出纳人员将所有的现金业务登记入账。

(2)清查时,出纳人员必须在场。检查内容除账实相符外,还包括查明有无违反现金管理制度,如有无白条抵库、有无库存超标、有无坐支现金等。

(3)清查后,根据盘点结果和现金日记账余额编制"库存现金盘点报告表"(格式见表4-11),并由清查人员和出纳人员共同签名盖章。

"库存现金盘点报告表"是调整账簿记录的重要原始凭证,也是分析账实差异原因、明确经济责任的依据。

表 4-11　库存现金盘点报告表

单位名称:天翼公司　　　　　　　2009 年 3 月 31 日　　　　　　　　　　单位:元

币　别	实存金额	账存金额	对比结果		备　注
			盘　盈	盘　亏	
人民币	4 140	4 140			

盘点人:王明　　　　　　　　　　　　　　　　　　　　　　　　出纳员:王一

2.银行存款的清查方法

银行存款的清查采用核对账目的方法进行,即将银行对账单与银行存款日记账相互核对,以查明账实是否相符。经核对,双方记录可能出现不一致,其原因包括:①双方或一方有错账、漏账;②存在未达账项。

未达账项是指由于双方在凭证传递、接收时间上的差异,造成企业与银行一方已入账,另一方尚未入账的账项。未达账项一般有两大类,四种情况。

(1)企业已收入账,银行尚未入账。

(2)企业已付入账,银行尚未入账。

(3)银行已收入账,企业尚未入账。

(4)银行已付入账,企业尚未入账。

核对完毕后,对于企业的错账、漏账,应及时在账簿中进行更正;对于银行的错账、漏账,应在银行对账单中予以注明,提请银行更正其账簿记录。对于发现的未达账项,通过编制"银行存款余额调节表"来检验调整后的账面余额是否相符。

▶ 温馨提示:由于未达账项造成的对账不符,不需调整账簿记录,待相关原始凭证传递至企业时,再据以作出相应账务处理。

"银行存款余额调节表"的编制,是以双方账面余额为基础,各自分别对未达账项进行补记。其调节公式为

银行存款日记账余额＋银行已收企业未收款－银行已付企业未付款＝银行对账单余额＋企业已收银行未收款－企业已付银行未付款

经过调整后的余额为银行存款实有数额。

【做中学 4-4-1】 2009 年 11 月 30 日,天翼公司银行存款日记账(见表 4-12)和银行对账单(见表 4-13)所示。

表 4-12 银行存款日记账

2009 年		凭证号数	银行凭证	摘要	对应科目	借方	贷方	余额
11 月	日							
	1			期初余额				192 600
	5	记 09	银汇 2392	票据到期款	应收票据	117 000		309 600
	7	记 15	电汇 0121	购机器设备	固定资产		80 000	229 600
	12	记 18	现缴 051	缴存现销收入	主营业务收入	5 000		234 600
	18	记 22	支 3199	向南丰电子采购	原材料		70 200	164 400
	27	记 32	支 3200	付办公用房租金	管理费用		10 000	154 400
	30	记 55		现销	主营业务收入	46 800		201 200
	30			本月合计		168 800	160 200	201 200

表 4-13 银行对账单

网点号 0202   2009 年 11 月 30 日   币种:人民币   单位:元

日期	交易代码	凭证种类	凭证号	摘要	借方	贷方	余额
11-02	08	银行承兑	2392	票据到期		117 000.00	309 600.00
11-07	04	电汇	0121	货款	80 000.00		229 600.00
11-12	01	现缴		存入		5 000.00	234 600.00
11-28	11	支	3199	货款	70 200.00		164 400.00
11-30	05	支	0184	货款		234 000.00	398 400.00

温馨提示:核对时,应注意银行对账单中是以银行为会计主体来记账,借方发生额表示企业银行存款的减少,贷方发生额表示企业银行存款的增加。

经核对,发现以下未达账项。

(1)11 月 27 日,开出支票 10 000 元,企业已付入账,银行尚未入账。

(2)11 月 30 日,企业存入支票 46 800 元,企业已收入账,银行尚未入账。

(3)11 月 30 日,客户转入 234 000 元账款,银行已收入账,企业尚未入账。

根据以上资料,编制银行存款余额调节表如表 4-14 所示。

表 4-14　银行存款余额调节表

编制企业:天翼公司　　　　　　2009 年 11 月 30 日　　　　　　　单位:元

项目	金额	项目	金额
银行存款日记账余额	201 200	银行对账单余额	398 400
加:银行已收入账,企业尚未入账	234 000	加:企业已收入账,银行尚未入账	46 800
减:银行已付入账,企业尚未入账		减:企业已付入账,银行尚未入账	10 000
调整后余额	435 200	调整后余额	435 200

【学中做 4-4-5】　天翼公司 2009 年 5 月 30 日银行存款日记账余额 238 000 元,银行对账单余额 243 000 元。经逐笔核对,发现以下未达账项。

(1)企业偿还 A 公司货款 25 000 元已登记入账,但银行尚未登记入账。

(2)企业收到销售商品款 35 100 元已登记入账,但银行尚未登记入账。

(3)银行已划转电费 4 900 元登记入账,但企业尚未收到付款通知单.未登记入账。

(4)银行已收到外地汇入货款 20 000 元登记入账,但企业尚未收到收款通知单.未登记入账。

根据以上资料,编制银行存款余额调节表。

(二)实物资产的清查方法

实物资产因其存在形态、体积重量、堆放方式等不尽相同,因而所采用的清查方法也不同,通常采用以下方法。

1.逐一盘点法

逐一盘点法就是在实物资产的存放地点逐一对其点数或运用度衡量工具确定被清查实物的实有数的方法。这种方法适应范围较广,大多数财产物资都可采用。

2.测量计算盘点法

测量计算盘点法是对某些存量大,但存放比较有规则的实物资产,通过测量其体积,以单位体积换算成重量,从而求出其实有数的方法。这种方法适用于那些大量成堆、笨重的难以逐一清点的财产物资,如露天堆放的煤、砂石等。

3.抽样盘点法

抽样盘点法是对某些价值小、数量多,不便逐一清点的财产,采用从总体或总量中抽取少量样品,确定其样品数量,然后再推算总体数量的方法。这种方法适用于单位价值较低、已经包装好的材料和产成品等清查。

在清查实物财产时,为了明确经济责任,实物保管人员必须参加盘点工作。盘点结果应填写在"盘存单"中(见表 4-15),并由盘点人和实物保管人共同签名。盘存单是记录盘点结果的书面证明,也是财产物资实有数量的原始凭证。

表 4-15　盘存单

企业:天翼公司

编号	品名及规格	单位	数量	单价	金额	√
1230101	甲材料	吨	50	700	35 000	
1230102	乙材料	吨	12	900	10 800	√
137901	A 产品	件	300	680	204 000	√

盘点人:李东　　　　　　　　　　　　　　　　　　　　实物保管人:陈明

盘点结束后,应将"盘存单"和相关账簿记录相核对,编制"账存实存对比表"(见表 4-16)。"账存实存对比表"是调整账簿记录的原始依据,也是分析差异原因,明确经济责任的原始证明材料。

表 4-16　账存实存对比表

企业:天翼公司　　　　　　　　　　　　　　　　　　　　2009 年 3 月 31 日

编号	品名	单位	单价	账存数		实际盘点数		差异				备注
								盘盈		盘亏		
				数量	金额	数量	金额	数量	金额	数量	金额	
1230101	甲材料	公斤	700	55	38 500	50	35 000			5	3 500	

主管:　　　　　　会计:　　　　　　　　制表:王勇

(三)往来款项的清查

往来款项主要包括应收账款、应付账款、其他应收款、其他应付款以及预收、预付账款等。

往来款项一般采用函证的方式,与往来客户相互核对确认往来款项情况。在核对前应将本企业账目核对清楚,确认无误后,将每一往来客户的明细账抄录成一式两份对账单,寄送往来客户,供其核对。客户核对无误后,应将其中一份盖章后寄回,若核对时发现差异,应将差异情况在寄回对账单中注明,以供进一步检查核对。在收到对方回单后,应填制"往来账项清查表"(见表 4-17)。

表 4-17　往来账项清查表

总分类账户名称:应收账款　　　　2009 年 3 月 31 日

明细分类账户		清查结果		核对不符原因分析		
名称	金额	核对相符金额	核对不符金额	未达账项金额	有争议账项金额	其他
深职网络	585 000	585 000				
兴隆工厂	480 960	80 960	400 000	400 000		

主管:　　　　　　会计:　　　　　　　　制表:张华

通过往来款项的清查,要及时催收应收款项,避免和减少坏账损失。对双方有争议款项及确属无法收回、无需偿还的款项,应按有关规定及时进行账务处理。

四、财产清查结果的处理

(一)财产清查处理程序

财产清查的结果有三种情况:①账存数与实存数相符;②账存数大于实存数,即盘亏;③账存数小于实存数,即盘盈。对于财产清查中出现的盘盈、盘亏,必须根据国家有关政策、法规和财经制度,按规定的程序报批后进行处理。

1.查明差异,分析原因

2.加强管理,完善制度

对于清查中发现的各种资产管理中存在的问题,必须根据具体情况及时处理。同时,要根据管理中存在的问题,提出改善措施,进一步完善以岗位责任制为核心的财产管理制度,保护财产的安全完整。

3.调整账簿记录,保证账实相符

为了保证账实相符,对财产清查中发现的账实差异,以及对差异进行的处理,都应及时调整账簿记录,具体账务处理分两步:

第一步,对已查明盘盈、盘亏的财产物资,根据有关的原始凭证编制记账凭证,登记入账,将财产物资的账存数调整为实存数,使账实相符。

第二步,待各种财产物资的盘盈、盘亏按规定程序报批处理后,根据盘盈、盘亏的性质、原因,以及处理意见,编制记账凭证,将财产物资的盘盈、盘亏结转入有关账户。

(二)设置"待处理财产损溢"账户

"待处理财产损溢"账户用来反映和监督各种财产物资的盘盈、盘亏以及处理转销情况。该账户借方登记财产物资的盘亏和毁损数以及经批准盘盈的转销数;贷方登记财产物资的盘盈数及盘亏的转销数。借方余额表示尚未转销的盘亏和毁损数;贷方余额表示尚未转销的盘盈数。该账户应按盘盈、盘亏的资产种类和项目设置明细账,进行明细分类核算。

(三)账务处理

1.存货盘盈、盘亏的账务处理

发生存货盘盈时,按盘盈存货价值借记"原材料"、"库存商品"等科目,贷记"待处理财产损溢"科目;按规定报批处理后,借记"待处理财产损溢"科目,贷记"管理费用"等科目。

发生存货盘亏时,应按盘亏存货价值借记"待处理财产损溢"科目,贷记"原材料"、"库存商品"等科目。按规定程序报批处理后,根据不同的处理结果,对于可收回的部分残料,借记"原材料"科目,由过失人或保险公司赔偿的部分借记"其他应收款"科目,属于一般经营损失的部分,借记"管理费用"科目,属于非常损失的部分,借记"营业外支出"科目,同时贷记"待处理财产损溢"科目。

【做中学 4-4-2】　天翼公司 5 月在财产清查中盘盈甲材料 10 公斤,计 1 000 元。经查证,该差异是由于计量仪器不准造成。

在发现差异时,根据"账存实存对比表"编制记账凭证如下:

借:原材料——甲材料　　　　　　　　　　　　　　　　　　　　　　1 000
　　贷:待处理财产损溢　　　　　　　　　　　　　　　　　　　　　　　　1 000

报批处理后,根据处理意见记入当期损益,编制如下记账凭证:

借:待处理财产损溢　　　　　　　　　　　　　　　　　　　　　　　　1 000

　　　　贷:管理费用   1 000

　　【做中学4-4-3】　天翼公司5月在财产清查中盘亏乙材料15公斤,计450元。经查证,该差异是由于乙材料易挥发性造成,属一般经营损失。

　　在发现差异时,应编制如下记账凭证:

　　　　借:待处理财产损溢   450

　　　　　贷:原材料—乙材料   450

　　在报批处理后,根据处理意见记入当期损益,编制记账凭证如下:

　　　　借:管理费用   450

　　　　　贷:待处理财产损溢   450

　　【学中做4-4-6】　天翼公司4月财产清查中发现甲材料由于管理不善,发生火灾损失5 000元,其中4 000元可获保险公司赔偿,经报批处理,责令保管员陈明赔偿500元,其余记入非常损失。编制报批处理前和报批处理后的会计分录。

　　2.固定资产盘盈、盘亏的账务处理

　　企业在财产清查中盘盈的固定资产,作为前期差错处理,按固定资产的入账价值,借记"固定资产"科目,贷记"以前年度损益调整"科目。

　　企业在财产清查中盘亏的固定资产,按盘亏固定资产的账面价值,借记"待处理财产损溢"科目,按已计提的累计折旧,借记"累计折旧"科目,按固定资产的账面原值,贷记"固定资产"科目。报批处理后,按可收回的保险赔偿或过失人赔偿,借记"其他应收款"科目,按应记入营业外支出的金额,借记"营业外支出"科目,贷记"待处理财产损溢"科目。

　　【做中学4-4-4】　天翼公司3月财产清查中盘盈设备一台,其同类产品的市场价格为5 000元,该设备为七成新,估计折旧为1 500元。应编制如下记账凭证:

　　　　借:固定资产   3 500

　　　　　贷:以前年度损益调整   3 500

　　【做中学4-4-5】　天翼公司3月财产清查中盘亏电脑一台,原价6 000元,已提折旧2 000元,责令保管人王莉赔偿500元。

　　发现差异时,应编制如下记账凭证:

　　　　借:待处理财产损溢   4 000

　　　　　累计折旧   2 000

　　　　　贷:固定资产   6 000

　　报批处理后,根据处理意见编制如下记账凭证:

　　　　借:其他应收款—王莉   500

　　　　　营业外支出—盘亏损失   3 500

　　　　　贷:待处理财产损溢   4 000

　　【学中做4-4-7】　天翼公司在财产清查中盘亏设备一台,账面原价30 000元,已提折旧18 000元。经查,该机器的盘亏属自然灾害造成,保险公司同意赔偿10 000元。编制批准前和批准后的会计分录。

　　3.往来款项清查的账务处理

　　在财产清查中发现的确实无法收回的应收款项,以及确定不需偿付的应付款项,也应按规定作出相应账务处理。

对确实无法收回的应收款项,按管理权限报经批准后作为坏账转销,借记"坏账准备"科目,贷记"应收账款"等科目。

对于确实无法支付的应付款项,应按其账面价值计入营业外收入,借记"应付账款"等科目,贷记"营业外收入"科目。

【做中学 4-4-6】 天翼公司 3 月财产清查中发现某客户所欠的 4 000 元账款,已无法收回。按管理权限报经批准确认坏账损失时,应编制如下记账凭证:

借:坏账准备　　　　　　　　　　　　　　　　　　　　　　　　　　4 000

　　贷:应收账款　　　　　　　　　　　　　　　　　　　　　　　　　　4 000

【做中学 4-4-7】 天翼公司 3 月财产清查中发现应付账款中某客户已破产,欠其 3 000 元账款已无需偿还。

该项应付账款应予转销,编制记账凭证如下:

借:应付账款　　　　　　　　　　　　　　　　　　　　　　　　　　3 000

　　贷:营业外收入—其他　　　　　　　　　　　　　　　　　　　　　3 000

任务五　结　账

任务描述

1. 现金、银行存款日记账的结账;

2. 损益类账户的结账;

3. 多栏式明细账的结账;

4. 总分类账的结账。

学习内容

结账是在将本期内所发生的经济业务全部登记入账并对账无误的基础上,按照规定的方法结算出所有账户的本期发生额和余额,并将其余额结转到下期的账簿结束工作。

结账分为月度结账、季度结账和年度结账。结账的基本方法见表 4-18 所示。

学习内容一:月度结账

每月末时,通栏划单红线表示月度结账。

一、现金、银行存款日记账的结账方法

每月结账时,在本月最后一笔业务下划一通栏单红线,然后结出本月的发生额和余额,

在摘要栏内注明"本月合计"字样,并在下面通栏划单红线。

二、损益类账户的结账方法

每月结账时,除了结出本月的发生额,还需要在"本月合计"行下结出自年初至本月末止的累计发生额,登记在月份发生额下面,在摘要栏内注明"本年累计数",并在下面通栏划单红线。

三、多栏式明细账的结账方法

多栏明细账中损益类账户按损益类账户结账方法进行。其他多栏式明细账结账方法同日记账。

四、总分类账的结账方法

总分类账户中的损益类账户,按损益类账户的结账方法进行结账。其他总分类账户月结时既不需要结计"本月合计",也不需要结计"本年累计"。月结时,只需在账户的最后一条记录下通栏划单红线即可。

五、其他账户的结账方法

其他账户的结账方法同总分类账。

学习内容二:季度结账

每季度末时,对各账簿进行结账,结账方法同月度结账。

学习内容三:年度结账

年度末时,通栏划双红线表示年度结账。

一、现金、银行存款日记账的结账方法

年末结账时,在"本年合计"行下面划通栏双红线。

二、损益类账户的结账方法

损益类账户12月末的"本年累计"就是全年累计发生额,在12月末的"本年累计"下通栏划双红线。

三、多栏式明细账的结账方法

多栏式明细账中损益类账户按损益类账户结账方法进行。其他多栏式明细账结账方法同日记账。

四、总分类账的结账方法

总分类账户中的损益类账户,按损益类账户的结账方法进行结账。其他总分类账户,

年结时,先在该年最后一条记录下通栏划单红线,然后结计出借贷方本年发生额合计数,并在摘要栏内注明"本年合计"字样,最后在下面通栏划双红线。

五、其他账户的结账方法

其他账户的结账方法同总分类账。

温馨提示:当更换新账时,对旧账中有年末余额的账户,应将其余额结转下年。结转的方法是:在旧账年结双红线下行摘要栏内注明"结转下年"字样,将账户余额直接记入新账第一行余额栏,并在摘要栏内注明"上年结转"字样。结转余额时不需编制记账凭证,也不需将余额再记入本年账户的借方或贷方。

表 4-18　银行存款日记账

2009 年		凭证		摘要	借方	贷方	借/贷	余额
月	日	字	号					
1	1			上年结转			借	70 000
				……				
1	31			本月合计	60 000	85 000	借	45 000
				……				
3	31			本月合计	45 000	3 300	借	57 000
3	31			本季度合计	159 000	172 000	借	57 000
				……				
12	31			本月合计	54 000	61 000	借	50 000
12	31			本季度合计	176 000	183 000	借	50 000
12	31			本年合计	660 000	680 000	借	50 000

──表示账页原线,──表示单红线,══表示双红线

【学中做 4-5-1】 2009 年 12 月 31 日,将天翼公司相关的账户进行结账。

任务六　编制财务会计报告

任务描述

1. 编制资产负债表；

2. 编制利润表；

3. 理解现金流量表；

4. 编制天翼公司 2009 年 12 月 31 日资产负债表和 12 月利润表。

学习内容

学习内容一：财务会计报告概述

一、财务会计报告的概念

财务会计报告,是指企业对外提供的反映企业某一特定日期的财务状况和某一会计期间的经营成果、现金流量等会计信息的文件。它是企业根据日常的会计核算资料归集、加工和汇总后形成的,是企业会计核算的最终成果。财务会计报告包括财务报表及其附注和其他应当在财务会计报告中披露的相关信息和资料。《企业会计准则》规定,财务报表至少应当包括资产负债表、利润表、现金流量表、所有者权益(或股东权益)变动表和附注。小企业编制的财务报表可以不包括现金流量表。

二、财务会计报告的作用

(一)对企业管理者

企业管理者依据会计报表,可以系统了解企业的财务状况、经营成果并发现经营管理中存在的问题,以便于迅速作出调整措施,不断提高经济效益。

(二)对投资者和债权人

投资者和债权人通过阅读报表可以了解企业的偿债能力、获利能力、投资报酬和利润分配情况等,据此作出投资、融资和信贷决策。

(三)对政府行政管理部门

财政、税务、审计等有关部门依据会计报表,可以检查企业财经纪律执行情况,财务管理情况和税法的执行及税收任务的完成情况,进行国家宏观管理和调控。

(四)对国民经济宏观管理

国家经济管理机构通过对报表汇总,分析宏观经济的运行情况,促进社会资源合理分配,为宏观管理和调控提供依据。

三、财务报表的种类

(一)按反映的经济内容不同,分为静态会计报表和动态会计报表

静态报表是指反映企业某一特定日期财务状况的报表,如资产负债表。

动态报表是指反映企业某一会计期间经营成果或现金流量情况的报表,如利润表或现金流量表。

(二)按编报的期间不同,分为中期会计报表和年度会计报表

中期会计报表是指以短于一个完整的会计年度的报告时间为基础编制的财务报表,包括月度报表、季度报表和半年度报表。

年度会计报表是指以一个完整的会计年度为报告期,总括反映企业年终财务状况和经营成果的财务报表。

年度、半年度财务会计报告应当包括以下内容。

(1)会计报表,包括资产负债表、利润表、现金流量表及相关附表。

(2)会计报表附注。

(3)财务情况说明书。

月度、季度财务报告通常仅指会计报表,主要包括资产负债表和利润表。

(三)按编制的主体不同,分为个别会计报表和合并会计报表

个别会计报表是实行独立核算的单位,根据本单位的账簿记录和其他有关资料编制的只反映企业自身财务状况的财务报表。

合并会计报表是以母公司和子公司组成的企业集团为会计主体,根据母子公司的财务会计报告,由母公司编制的综合反映企业集团财务状况、经营成果和现金流量情况的财务会计报表。

四、财务报表的编制要求

为了保证财务报表的质量,充分发挥财务报表的作用,单位财务报表的编制应遵循以下要求。

(一)真实可靠

财务会计报告必须根据核实无误的账簿及相关资料编制,使企业财务会计报告能如实反映企业的财务状况、经营成果和现金流量情况。

(二)相关可比

企业财务会计报告所提供的财务会计信息必须与报告使用者的决策需要相关,满足报告使用者的需要;并且财务会计报告各项目的数据应当口径一致、相互可比,便于报告使用者在不同企业之间及同一企业前后各期之间进行比较。

(三)全面完整

财务会计报告应当全面披露企业的财务状况、经营成果和现金流量情况,完整反映企业财务活动的过程和结果。因此,企业在编制财务会计报告时,应当按照企业会计准则规定的格式和内容填报。特别是某些重要事项,应当按照要求在会计报表附注中进行说明,不得漏编漏报。

(四)编报及时

财务会计报告所提供的信息资料,要具有很强的时效性。因为只有及时编制和报送财务会计报告,才能为使用者提供决策所需的信息资料。

(五)便于理解

可理解性是指财务会计报告提供的信息可以为使用者所理解。因此,编制的财务会计报告应当清晰明了,便于理解和利用。

学习内容二:编制资产负债表

一、资产负债表的概念和作用

(一)资产负债表的概念

资产负债表,是指反映企业在某一特定日期(如月末、季末、年末)财务状况的会计报表。

(二)资产负债表的作用

通过资产负债表,可以了解企业资产的构成及其状况、企业的负债总额及其结构、企业现有的投资者在企业资产总额中所占的份额,从而帮助报表使用者全面了解企业的财务状况,分析企业的债务偿还能力,从而为未来的经济决策提供信息。

二、资产负债表的内容

该表根据"资产＝负债＋所有者权益"会计恒等式设计,主要包括资产、负债、所有者权益三方面内容。

(一)资产

资产项目按照各项资产的流动性的大小或变现能力的强弱顺序排列。流动性大、变现能力强的项目排前面,流动性小、变现能力弱的项目排后面,依此,先是流动资产,后是非流动资产。

(二)负债与所有者权益

负债与所有者权益项目按照权益顺序排列,负债在先、所有者权益在后。

1.负债。负债内部项目按照偿还的先后顺序排列。按照到期日由近至远的顺序,偿还期近的负债项目排前面,偿还期较远的负债项目排后面,依此,先是流动负债,后是非流动负债。

2.所有者权益。所有者权益内部项目按照稳定性程度或永久性程度高低顺序排列。稳定性程度或永久性程度高的项目排前面,稳定性程度或永久性程度较低的项目排后面,依此,先是实收资本(或股本),其次是资本公积、盈余公积和未分配利润项目。

三、资产负债表的结构

资产负债表有两种基本格式,即报告式(垂直式)和账户式。

我国企业编制的资产负债表采用账户式,它是根据"资产=负债+所有者权益"的会计等式编制的,格式如表 4-20 所示。

资产负债表一般由表头、表身和表尾三部分组成。表头主要包括资产负债表的名称、编制单位、编制日期和金额单位;表身主要包括资产、负债、所有者权益各项目的金额;表尾主要包括附注资料等。具体见表 4-20 所示。

四、资产负债表的编制方法

资产负债表的"期初余额"栏是根据上期资产负债表的"期末余额"栏直接填列。"期末余额"栏的填列,可以分为以下几种情况。

(一)根据相关总账账户期末余额直接填列

根据相关总账账户期末余额直接填列的项目有:交易性金融资产、应收票据、应收股利、应收利息、短期借款、应付票据、应付职工薪酬、应交税费、应付利息、应付股利、其他应付款、实收资本、资本公积、盈余公积等项目。

(二)根据相关总账账户期末余额分析计算填列

根据相关总账账户期末余额分析计算填列的项目包括:"货币资金"、"存货"、"固定资产"、"未分配利润"等。"货币资金"项目的期末数="库存现金"账户余额+"银行存款"账户余额+"其他货币资金"账户余额;"存货"项目的期末数="原材料"账户余额+"库存商品"账户余额+其他存货账户余额;"固定资产"项目的期末数="固定资产"账户余额-"累计折旧"账户余额;"未分配利润"项目的期末数="利润分配"账户余额+"本年利润"账户余额。

> 温馨提示:1-11 月份编制的资产负债表中期报表中的"未分配利润"项目="利润分配"账户余额+"本年利润"账户余额;12 月份编制的年报中的"未分配利润"项目金额为"利润分配"账户的期末余额。

(三)根据相关明细账账户期末余额分析计算填列

根据相关明细账账户期末余额分析计算填列的项目包括:"应收账款"、"预收账款"、"应付账款"、"预付账款"等项目。"应收账款"项目:根据"应收账款"和"预收账款"账户所属明细账的期末借方余额合计填列。"预收账款"项目:根据"应收账款"和"预收账款"账户所属明细账的期末贷方余额合计填列。"预付账款"项目:根据"应付账款"和"预付账款"账户所属明细账的期末借方余额合计填列。"应付账款"项目:根据"应付账款"和"预付账款"账户所属明细账的期末贷方余额合计填列。

【做中学 4-6-1】 天翼公司 2009 年 5 月 31 日"应收账款"总分类账余额 1 452 600 元,"预收账款"总分类账余额 15 000 元。其中"应收账款":所属明细账户借方余额合计数为 1 537 600 元,贷方余额合计数为 85 000 元;"预收账款":所属明细账户借方余额合计数为 70 000 元,贷方余额合计数为 85 000 元。计算资产负债表中"应收账款"项目和"预收账款"项目的期末数。

"应收账款"项目期末数="应收账款"明细科目借方余额+"预收账款"明细科目借方余额=1 537 600+70 000=1 607 600(元)

"预收账款"项目期末数="预收账款"明细科目贷方余额+"应收账款"明细科目贷方

余额＝85 000＋85 000＝170 000(元)

(四)根据相关总账账户期末余额减去部分数额后的数字分析计算填列

企业的长期债权投资和长期负债到最后一个年度时,在会计概念上就由原来的长期资产和长期负债成为了流动资产和流动负债,为了更好地反映企业的资产负债情况,资产负债表项目中将这些"一年内到期的长期债权投资和长期负债"在流动资产和流动负债中单列项目进行反映。

(五)根据总账账户余额减去备抵的资产减值后填列

如"应收账款"、"长期股权投资"、"固定资产"、"无形资产"等项目,需要减去对应的"坏账准备"、"长期股权投资减值准备"等备抵账户的余额。

【做中学 4-6-2】 编制天翼公司 2009 年 12 月 31 日的资产负债表。

1. 天翼公司 2009 年 12 月 31 日总分类账和所属明细账余额如表 4-19。

表 4-19　天翼公司账户余额　　　　　单位:元

账户名称	借方余额	账户名称	贷方余额
库存现金	9 400	短期借款	150 000
银行存款	1 433 750	应付票据	11 700
应收票据	11 700	应付账款	10 000
应收账款	284 000	——华夏公司	10 000
——华胜工厂	50 000	应付职工薪酬	114 000
——兴隆工厂	234 000	应付利息	250
原材料	15 600	应付股利	100 000
库存商品	185 200	应交税费	51 987.5
固定资产	2 072 500	长期借款	500 000
累计折旧	−205 000	实收资本	2 630 000
		盈余公积	78 921.25
		利润分配	160 291.25
		——未分配利润	160 291.25
		本年利润	0
合计	3 807 150	合计	3 807 150

2. 资产负债表编制

根据上述资料编制天翼公司 2009 年 12 月 31 日的资产负债表,如表 4-20 所示。

表 4-20　资产负债表　　　　　会企 01 表
编制单位:天翼公司　　　　　2009 年 12 月 31 日　　　　　单位:元

资产	期末数	年初数	负债和所有者权益	期末数	年初数
流动资产:		略	流动负债:		
货币资金	1 443 150		短期借款	150 000	
交易性金融资产			应付票据	11 700	
应收票据	11 700		应付账款	10 000	

续表

资产	期末数	年初数	负债和所有者权益	期末数	年初数
应收股利			预收账款		
应收利息			应付职工薪酬	114 000	
应收账款	284 000		应付股利	100 000	
其他应收款			应付利息	250	
预付账款			应交税费	51 987.5	
存货	200 800		其他应付款		
一年内到期非流动资产			预计负债		
其他流动资产			一年内到期非流动负债		
流动资产合计	1 939 650		其他流动负债		
非流动资产：			流动负债合计	437 937.5	
可供出售金融资产			非流动负债：		
持有至到期投资			长期借款	500 000	
投资性房地产			应付债券		
长期股权投资			长期应付款		
固定资产	1 867 500		专项应付款		
工程物资			其他非流动负债		
在建工程			非流动负债合计	500 000	
固定资产清理			负债合计	937 937.5	
无形资产			所有者权益		
长期待摊费用			实收资本（或股本）	2 630 000	
其他长期资产			资本公积		
非流动资产合计	1 867 500		盈余公积	78 921.25	
			未分配利润	160 291.25	
			所有者权益合计	2 869 212.5	
资产总计	3 807 150		负债和股东权益总计	3 807 150	

表中各项目填写说明：

(1)"年初数"栏中的数字是根据该企业上年度12月份资产负债表中的"期末数"栏中的数字直接填列的。

(2)"货币资金"＝库存现金＋银行存款＝9 400＋1 433 750＝1 443 150(元)

(3)"存货"＝原材料＋库存商品＝15 600＋185 200＝200 800(元)

(4)"固定资产"＝固定资产－累计折旧＝2 072 500－205 000＝1 867 500(元)

(5)"未分配利润"＝利润分配＝160 291.25(元)

学习内容三:编制利润表

一、利润表的概念及作用

(一)利润表的概念

利润表又称损益表、收益表,是指反映企业在一定会计期间经营成果的报表。它是根据"收入－费用＝利润"的会计等式设计的,属于动态报表。

(二)利润表的作用

通过利润表,可以了解企业的经营成果以及盈亏形成情况、了解资本的保值增值情况,借以评价企业管理者的经营业绩;通过对不同时期报表数据的对比,进行企业获利能力分析,借以预测企业的未来收益能力及发展趋势。

二、利润表的格式

利润表一般由表头、表身和表尾三部分组成。其中,表身部分反映利润的构成内容,为利润表的核心和主体。

利润表包括单步式和多步式两种格式。按照我国企业会计准则规定,我国的利润表采用多步式。

多步式利润表按照四个步骤计算最终成果,即:

第一步,从营业收入出发,减去营业成本、营业税金及附加、销售费用、管理费用、财务费用和资产减值损失,再加上公允价值变动净收益(减去公允价值变动损失)和投资收益(减去投资损失),确定营业利润。

第二步,从营业利润开始,加上营业外收入,减去营业外支出,确定利润总额。

第三步,在利润总额的基础上,扣除所得税费用后,确定企业的净利润。

第四步,根据净利润,计算每股收益。

利润表的具体格式如表 4-22 所示。

三、利润表的编制方法

利润表中的"上期金额"栏内各项数字,应根据上期利润表的"本期金额"栏所列各项目数字填列。

利润表"本期金额"各项目的内容及填列方法说明如下:

(一)根据相关账户发生额加总填列

1.营业收入:应根据"主营业务收入"科目和"其他业务收入"的发生额之和填列。

2.营业成本:应根据"主营业务成本"和"其他业务成本"科目的发生额之和填列。

(二)根据相关账户发生额直接填列

主要有:营业税金及附加、销售费用、管理费用、财务费用、资产减值损失、公允价值变动净收益、投资收益、营业外收入、营业外支出、所得税费用。

(三)根据相关项目计算填列

主要有:营业利润、利润总额、净利润、每股收益。

【做中学 4-6-3】　编制天翼公司 2009 年 12 月份的利润表。

1. 天翼公司 2009 年 12 月,有关损益类账户资料如表 4-21 所示。

表 4-21　公司损益账户发生额　　　　　　　　　　　单位:元

账户名称	借或贷	本期数	上期数
主营业务收入	贷	230 000	略
主营业务成本	借	75 000	
营业税金及附加	借	1 000	
销售费用	借	6 000	
管理费用	借	28 800	
财务费用	借	250	
所得税费用	借	29 737.5	

2. 根据以上资料,编制天翼公司 2009 年 12 月份的利润表,如表 4-22 所示。

表 4-22　利润表　　　　　　　　　　　　　会企 02 表

编制单位:天翼公司　　　　　　　2009 年 12 月　　　　　　　　单位:元

项　　　目	行次	本期金额	上期金额
一、营业收入		230 000	略
减:营业成本		75 000	
营业税金及附加		1 000	
销售费用		6 000	
管理费用		28 800	
财务费用		250	
资产减值损失			
加:公允价值变动收益(损失以"—"号填列)			
投资收益(损失以"—"号填列)			
二、营业利润(亏损以"—"号填列)		118 950	
加:营业外收入			
减:营业外支出			
三、利润总额(亏损总额以"—"号填列)		118 950	
减:所得税费用		29 737.5	
四、净利润(净亏损以"—"号填列)		89 212.5	
五、每股收益			
其中:基本每股收益			
稀释每股收益			

学习内容四：了解现金流量表

一、现金流量表的概念和作用

(一)现金流量表的概念

现金流量表,是以现金为基础编制的,反映企业在一定会计期间的现金及现金等价物(简称为现金)的流入和流出信息的会计报表,属于动态报表。

(二)现金流量表的作用

1.提供企业的现金流量信息,有助于使用者评估企业的偿还债务能力和对所有者分配股利及利润的能力。

2.提供企业的现金流量信息,有助于确定净利润与相关的现金收支产生差异的原因,评价企业的经营质量和真实的盈利能力。

3.提供企业的现金流量信息,能更好地帮助投资者、债权人和其他人士评价企业未来获取现金流量的能力。

4.提供企业的现金流量信息,能够恰当地评估当期的现金与非现金投资筹资事项对企业财务状况的影响。

二、现金流量表的编制基础及其格式

(一)现金流量表的编制基础

现金流量表的编制基础是现金及现金等价物。现金,是指企业库存现金以及可以随时用于支付的存款等,具体包括库存现金、银行存款和其他货币资金等。现金等价物,是指企业持有的期限短(通常为 3 个月以内)、流动性强、易于转换为已知金额现金、价值变动风险很小的投资,通常不包括股票投资。

(二)现金流量表的内容

现金流量表所反映的现金流量主要内容包括经营活动产生的现金流量、投资活动产生的现金流量和筹资活动产生的现金流量等六部分内容。具体内容见表 4-23。

(三)现金流量表的格式

一般企业现金流量表格式见表 4-23 所示。

表 4-23　现金流量表

编制单位：　　　　　　　　　　　____年____月　　　　　　　　　　　单位:元

项　　　　　目	本期金额	上期金额
一、经营活动产生的现金流量：		
销售商品、提供劳务收到的现金		
收到的税费返还		
收到其他与经营活动有关的现金		
经营活动现金流入小计		

续表

项　　　目	本期金额	上期金额
购买商品、接受劳务支付的现金		
支付给职工以及为职工支付的现金		
支付的各项税费		
支付其他与经营活动有关的现金		
经营活动现金流出小计		
经营活动产生的现金流量净额		
二、投资活动产生的现金流量：		
收回投资收到的现金		
取得投资收益收到的现金		
处置固定资产、无形资产和其他长期资产收回的现金净额		
处置子公司及其他营业单位收到的现金净额		
收到其他与投资活动有关的现金		
投资活动现金流入小计		
购建固定资产、无形资产和其他长期资产支付的现金		
投资支付的现金		
取得子公司及其他营业单位支付的现金净额		
支付其他与投资活动有关的现金		
投资活动现金流出小计		
投资活动产生的现金流量净额		
三、筹资活动产生的现金流量：		
吸收投资收到的现金		
取得借款收到的现金		
收到其他与筹资活动有关的现金		
筹资活动现金流入小计		
偿还债务支付的现金		
分配股利、利润或偿付利息支付的现金		
支付其他与筹资活动有关的现金		
筹资活动现金流出小计		
筹资活动产生的现金流量净额		
四、汇率变动对现金及现金等价物的影响		
五、现金及现金等价物净增加额		
加：期初现金及现金等价物余额		
六、期末现金及现金等价物余额		

⊏⇨【项目训练】

一、职业能力判断与选择

(一)判断题

1. 企业本期预收的销货款,属企业本期的收入。　　　　　　　　　　　　　　　(　　)

2. 购入材料在运输途中发生的合理损耗应作为管理费用单独进行账务处理。　　(　　)

3. "生产成本"账户期末如有借方余额,为尚未加工完成的各项在产品成本。　　(　　)

4. 财产清查就是对各项财产物资进行定期的盘点和核对。　　　　　　　　　　(　　)

5. 银行存款余额调节表的编制目的是为了消除未达账项的影响,并且作为原始凭证登记银行存款日记账。　　　　　　　　　　　　　　　　　　　　　　　　　　(　　)

6. 实物盘点后,应根据"实存账存对比表"作为调整账面余额记录的原始依据。(　　)

7. 材料的盘盈,批准处理后应当转入营业外收入。　　　　　　　　　　　　　(　　)

8. 年度终了,应编制记账凭证把上年账户余额结平,并结转下年。　　　　　　(　　)

9. 资产负债表是反映企业在某一特定时期的财务状况的会计报表。　　　　　　(　　)

10. 营业利润扣减管理费用、销售费用、财务费用和所得税后得到净利润。　　　(　　)

(二)单项选择题

1. 企业向银行借入的短期借款按期计提的利息,贷方应计入(　　)科目。

　A. 财务费用　　　　　B. 应付利息　　　　　C. 短期借款　　　　　D. 预提费用

2. 权责发生制下,企业预付下年度的财产保险费应作为(　　)。

　A. 待摊费用　　　　　B. 应付利息　　　　　C. 预付账款　　　　　D. 预提费用

3. 下列项目中,不构成产品成本的是(　　)。

　A. 直接人工费用　　　B. 直接材料费　　　　C. 期间费用　　　　　D. 制造费用

4. 月末结转已售产品的销售成本 90 000 元,正确的会计分录是(　　)。

　A. 借:库存商品　　　　　　　　　　　　　　　　　　　　　90 000
　　　贷:生产成本　　　　　　　　　　　　　　　　　　　　　　　90 000

　B. 借:主营业务成本　　　　　　　　　　　　　　　　　　　90 000
　　　贷:主营业务收入　　　　　　　　　　　　　　　　　　　　　90 000

　C. 借:主营业务成本　　　　　　　　　　　　　　　　　　　90 000
　　　贷:库存商品　　　　　　　　　　　　　　　　　　　　　　　90 000

　D. 借:主营业务成本　　　　　　　　　　　　　　　　　　　90 000
　　　贷:生产成本　　　　　　　　　　　　　　　　　　　　　　　90 000

5. 某企业年初未分配利润 5 万元,本年实现利润 10 万元,所得税税率为 25%,按税后利润的 10% 计提盈余公积,则应计提的盈余公积为(　　)元。

　A. 15 000　　　　　　B. 10 000　　　　　　C. 11 250　　　　　　D. 7 500

6. 对账即核对账目,其主要内容包括(　　)。

　A. 账实核对、账表核对、账账核对、账证核对

　B. 账表核对、账账核对、账证核对

　C. 表表核对、账账核对、账证核对

　D. 账实核对、账账核对、账证核对

7. 财产清查按清查的对象和范围,可分为(   )。

    A. 重点清查和非重点清查　　　　　　　B. 定期清查和不定期清查

    C. 全面清查和局部清查　　　　　　　　D. 报送清查和抽查

8. 单位在进行资产重组时,一般进行(   )。

    A. 局部清查　　　　B. 全面清查　　　　C. 重点清查　　　　D. 抽查

9. 库存现金的清查方法是(   )。

    A. 实地盘点法　　　B. 核对法　　　　　C. 技术分析法　　　D. 询证法

10. 为了记录、反映财产物资的盘盈、盘亏和毁损情况,应当设置(   )。

    A. 固定资产清理　　　　　　　　　　　B. 待处理财产损溢

    C. 长期待摊费用　　　　　　　　　　　D. 营业外支出

11. 清查中发现原材料盘盈是由于工作中的收发差错造成,则应将其从"待处理财产损溢"转入(   )账户。

    A. 生产成本　　　　B. 制造费用　　　　C. 管理费用　　　　D. 营业外收入

12. 以下账户月结时,只需划线即可的是(   )。

    A. 银行存款日记账　　　　　　　　　　B. 主营业务收入明细账

    C. 原材料明细账　　　　　　　　　　　D. 生产成本明细账

13. 年终结账,将余额结转下年时,(   )。

    A. 不需要编制凭证,但应将上年账户的余额反向结平才能结转下年

    B. 需要编制凭证,并将上年账户的余额反向结平才能结转下年

    C. 不需要编制凭证,也不需要将上年账户的余额结平,直接注明"结转下年"即可

    D. 需要编制凭证,但不需将上年账户的余额反向结平

14. 将分散的零星的日常会计资料归纳整理为更集中、更系统、更概括的会计资料,以总括反映企业财务状况和经营成果的核算方法是(   )。

    A. 编制会计凭证　　　　　　　　　　　B. 编制记账凭证

    C. 编制会计报表　　　　　　　　　　　D. 登记会计账簿

15. 以下报表中属于静态报表的是(   )。

    A. 资产负债表　　　　　　　　　　　　B. 利润表

    C. 现金流量表　　　　　　　　　　　　D. 所有者权益变动表

16. 在资产负债表中,可按总分类账户的余额直接填列的是(   )。

    A. 货币资金　　　　　　　　　　　　　B. 存货

    C. 固定资产　　　　　　　　　　　　　D. 应付职工薪酬

17. 编制资产负债表的主要依据是(   )。

    A. 资产、负债及所有者权益各账户的本期发生额

    B. 各损益类账户的本期发生额

    C. 资产、负债及所有者权益各账户的期末余额

    D. 各损益类账户的期末余额

18. 资产负债表中的资产项目应按资产的(   )排列。

    A. 流动性　　　　　B. 重要性　　　　　C. 变动性　　　　　D. 盈利性

19. 我国的利润表采用(   )格式。

A. 报告式　　　　　B. 账户式　　　　　C. 单步式　　　　　D. 多步式

20. 在利润表上,利润总额扣除(　　)后,得出净利润或净亏损。

A. 管理费用和财务费用　　　　　　B. 增值税

C. 营业外收支净额　　　　　　　　D. 所得税费用

(三)多项选择题

1. 企业期末需要进行调整的应计账项主要包括(　　)。

A. 应计利润　　　B. 应计费用　　　C. 应计收入　　　D. 应计成本

2. 下列应计入材料采购成本的有(　　)。

A. 采购人员的差旅费　　　　　　　B. 材料买价

C. 运输途中的合理损耗　　　　　　D. 材料入库前的挑选整理费

3. 期末损益类账户结转时,"本年利润"账户贷方的对应账户分别为(　　)。

A. 主营业务收入　　　　　　　　　B. 主营业务成本

C. 其他业务收入　　　　　　　　　D. 营业税金及附加

4. 企业的利润总额包括(　　)。

A. 投资净利润　　　　　　　　　　B. 营业利润

C. 营业外收入　　　　　　　　　　D. 营业外支出

5. 下列情形中,需要进行全面清查的是(　　)。

A. 单位进行撤并时　　　　　　　　B. 对外投资时

C. 开展清产核资时　　　　　　　　D. 单位负责人调离时

6. 使企业银行存款日记账的余额小于银行对账单余额的未达账项有(　　)。

A. 企业已收款记账而银行尚未收款记账

B. 企业已付款记账而银行尚未付款记账

C. 银行已收款记账而企业尚未收款记账

D. 银行已付款记账而企业尚未付款记账

7. 实地盘点实物资产的技术方法主要有(　　)。

A. 盘点法　　　　　　　　　　　　B. 测量技术盘点法

C. 技术推算法　　　　　　　　　　D. 抽样盘点法

8. "待处理财产损溢"科目借方核算的内容有(　　)。

A. 发生待处理财产的盘亏数或毁损数

B. 结转已批准处理的财产盘盈数

C. 发生待处理财产的盘盈数

D. 结转已批准处理的财产盘亏数或毁损数

9. 财产物资的盘存制度有(　　)。

A. 权责发生制　　B. 收付实现制　　C. 实地盘存制　　D. 永续盘存制

10. 企业实现的净利润应进行下列分配(　　)。

A. 计算缴纳所得税　　　　　　　　B. 向投资人分配利润

C. 提取法定盈余公积金　　　　　　D. 提取任意盈余公积金

11. 根据规定,企业编制的财务报表至少应当包括(　　)。

A. 资产负债表　　　　　　　　　　B. 利润表

C. 现金流量表、所有者权益变动表　　　D. 附注

12. 财务会计报告由以下内容组成(　　)。

　　A. 会计报表　　　　　　　　　　　B. 项目计划书

　　C. 会计报表附注　　　　　　　　　D. 其他需披露的相关信息和资料

13. 为保证会计报表的质量,会计报表的编制要求是(　　)。

　　A. 全面完整　　　B. 真实可靠　　　C. 相关可比　　　D. 编报及时

14. 资产负债表中的"存货"项目包含以下科目中的(　　)。

　　A. 材料采购　　　B. 原材料　　　　C. 库存商品　　　D. 生产成本

15. 利润表中的"营业收入"项目应根据(　　)科目发生额填列。

　　A. 主营业务收入　　　　　　　　　B. 其他业务收入

　　C. 营业外收入　　　　　　　　　　D. 投资收益

二、单项任务实训

(一)比较权责发生制和收付实现制。

1. 资料:某企业20××年6月份发生的部分经济业务如下:

(1)用银行存款支付上月份水电费8 000元。

(2)收到上月销售收入10 000元,存入银行。

(3)预付下半年财产保险费6 000元。

(4)支付本季度借款利息6 600元。

(5)上月预收产品销货款11 700元,本月发出商品,实现销售收入。

(6)销售产品一批,价款20 000元,用银行存款收讫。

(7)预收产品销售款5 000元,存入银行。

(8)用现金8 500元支付本月工资费用。

(9)购买本月办公用品一批,价值600元,用银行存款付讫。

2. 要求:分别按权责发生制和收付实现制计算营业利润。

业　务	权责发生制		收付实现制	
	收　入	费　用	收　入	费　用
(1)				
(2)				
(3)				
(4)				
(5)				
(6)				
(7)				
(8)				
(9)				
合　计				
利润				

（二）经济业务的账务处理

1.资料：企业 2009 年 12 月发生如下经济业务：

（1）向胜利厂购入甲材料 30 公斤，单价 500 元，乙材料 20 公斤，单价 100 元，增值税率 17%，取得增值税专用发票，账款尚未支付。

（2）销售给江陵百货 A 产品 400 件，开具增值税专用发票，单价 250 元，增值税率 17%，以银行存款支付代垫运费 2 000 元，收到商业汇票一张。

（3）以银行存款支付前向胜利厂购入甲、乙材料运费 2 000 元，材料已运至企业，甲验收入库，乙材料挑选整理。

（4）结转本月入库材料实际采购成本。

（5）本月发出甲材料共计 10 000 元，其中用于 A 产品生产 5 000 元，车间一般耗用 5 000 元；发出乙材料 20 000 元，其中用于 A 产品生产 5 000 元，B 产品生产 14 000 元，行政部门耗用 600 元，销售机构耗用 400 元。

（6）计算本月应付工资如下：A 产品生产工人工资 8 000 元，B 产品生产工人工资 2 000 元，车间管理人员工资 4 000 元，行政管理人员工资 6 000 元，销售人员工资 5 000 元。

（7）计提本期长期借款利息 3 000 元。

（8）摊销本期应由行政管理部门负担的报刊费 500 元。

（9）按生产工人工资比例分配并结转本月制造费用。

（10）已知"生产成本—B 产品"账户期初余额为 5 000 元，本月 B 产品全部完工并验收入库，结转 B 产品的实际生产成本。

（11）结转本月销售 A 产品的实际生产成本（每件 150 元）。

（12）结转本月损益类账户的余额，计算本月利润总额。

（13）按 25% 的所得税率计算并结转本月所得税。

（14）按本月净利润的 10% 计提法定盈余公积。

（15）向投资者分配利润 5 000 元。

2.要求：编制以上经济业务的会计分录。

（三）财产清查结果的账务处理

1.资料：光明公司 2008 年 10 月进行财产清查时发生以下经济业务：

（1）30 日，进行现金清查时发现现金短款 120 元。

（2）经检查，上述现金短款属于出纳员的责任，应由其赔偿。

（3）30 日，盘亏机器设备一台，原值为 12 000 元，已提折旧 4 000 元。

（4）经批准，上述盘亏的机器设备作为企业的营业外支出。

（5）30 日，盘亏甲材料 100 千克，每千克 10 元；因火灾而毁损 A 商品 40 件，每件 200 元。

（6）经查明，盘亏的 100 千克甲材料中，60 千克属于定额损耗，作为管理费用；40 千克属于超定额损耗，由责任人负责赔偿。

（7）上述（5）中毁损的 A 商品，经与保险公司联系后，其同意赔偿损失金额 80%，其余 20% 经批准作为企业损失处理。

（8）30 日，盘盈乙材料 50 千克，每千克 20 元。

(9)经查明,上述盘盈的乙材料是材料收发过程中的正常盈余,冲抵管理费用。

(10)30 日,查明无法收回的应收账款 16 000 元,经上级部门批准后列作坏账损失。

2.要求:根据以上资料编制会计分录。

(四)银行存款余额调节表的编制

1.资料:天诚有限责任公司 2008 年 8 月份银行存款日记账记录和 8 月份银行对账单如下表:

银行存款日记账

2008 年 8 月 31 日

| 2008 年 | | 凭证 | | 摘要 | 对方科目 | 结算凭证 | | 借方 | 贷方 | 余额 |
月	日	字	号			种类	号数			
				以上记录略						415 000
8	21	银付		支付差旅费	其他应收款	现支	10785		1 000	414 000
8	22	银付		提现发薪	库存现金	现支	10786		45 000	369 000
8	24	银付		办公用品费	管理费用	转支	45761		320	368 680
8	26	银收		存销货款	主营业务收入	进账单	7852	11 700		380 380
8	30	银付		邮电费	管理费用	转支	45726		250	380 130
8	30	银收		存款利息	财务费用	结息单	38976	417		380 547
8	30	银收		存押金	其他应付款	进账单	7853	3 600		384 147

中国工商银行合肥市分行营业部对账单

2008 年 8 月 31 日

| 2008 年 | | 对方科目 | 摘要 | 凭 证 号 | | 借方 | 贷方 | 余额 |
月	日	代号		现金支票	结算凭证			
			以上记录略					415 000
8	21	10	现金支票	10 785			1 000	414 000
8	22	10	现金支票	10 786			45 000	369 000
8	25	65	转账支票		45 761		320	368 680
8	26	10	进账单		7 852		11 700	380 380
8	30	46	托收承付		47 216		10 000	390 380
8	30	251	结息单		38 976		417	390 797
8	30	518	委托收款		36 481	20 358		370 439

2.要求:对天诚有限责任公司的银行存款日记账记录和银行对账单记录进行逐笔核对,找出未达账项,并编制银行存款余额调节表。

(五)资产负债表的编制

1.资料:宏发有限责任公司 2008 年 9 月 30 日有关总账和明细账户的余额如下表:

资产账户	借或贷	余额	负债和所有者权益账户	借或贷	余额
库存现金	借	2 100	短期借款	贷	249 800
银行存款	借	803 770	应付票据	贷	19 600
其他货币资金	借	91 560	应付账款	贷	71 400
交易性金融资产	借	114 140	—丙企业	贷	73 000
应收票据	借	20 000	—丁企业	借	1 600
应收账款	借	77 000	预收账款	贷	14 700
—甲公司	借	80 000	—C公司	贷	14 700
—乙公司	贷	3 000	其他应付款	贷	5 000
坏账准备	贷	2 000	应付职工薪酬	贷	7 000
预付账款	借	36 160	应交税费	贷	6 580
—A公司	借	36 000	应付股利	贷	22 434
—B公司	借	160			
其他应收款	借	5 510	长期借款	贷	340 000
应收股利	借	3 000	应付债券	贷	63 700
材料采购	借	3 500	其中一年到期的应付债券	贷	23 000
原材料	借	813 127	长期应付款	贷	165 900
周转材料	借	117 600	实收资本	贷	3 518 830
生产成本	借	265 485	资本公积	贷	155 277
库存商品	借	75 600	盈余公积	贷	48 100
持有至到期投资	借	174 200	利润分配	贷	2 961
固定资产	借	3 131 435	—未分配利润	贷	2 961
累计折旧	贷	1 034 920	本年利润	贷	30 000
无形资产	借	24 015			
资产合计		4 721 282	负债及所有者权益合计		4 721 282

2.要求:编制宏发公司9月份的资产负债表。

(六)利润表的编制

1.资料:宏发有限责任公司所得税税率25%,该公司2008年1月至11月各损益类账户的累计发生额和12月底转账前各损益类账户的发生额如下:

账户名称	12月份发生数		1月至11月累计发生数	
	借方	贷方	借方	贷方
主营业务收入		208 000		4 000 000
主营业务成本	132 000		2 600 000	
销售费用	2 000		10 000	
营业税金及附加	1 000		24 000	
其他业务成本	7 500		30 000	
营业外支出	2 000		12 000	
财务费用	3 000		30 000	
管理费用	3 400		50 000	
其他业务收入		9 000		45 000
营业外收入		1 000		
投资收益		10 000		
所得税费用			386 700	

2. 要求:编制宏发公司 2008 年的利润表。

附录 A

中华人民共和国会计法 ≫ ≫ ≫ ≫

第一章 总 则

第一条 为了规范会计行为,保证会计资料真实、完整,加强经济管理和财务管理,提高经济效益,维护社会主义市场经济秩序,制定本法。

第二条 国家机关、社会团体、公司、企业、事业单位和其他组织(以下统称单位)必须依照本法办理会计事务。

第三条 各单位必须依法设置会计账簿,并保证其真实、完整。

第四条 单位负责人对本单位的会计工作和会计资料的真实性、完整性负责。

第五条 会计机构、会计人员依照本法规定进行会计核算,实行会计监督。

任何单位或者个人不得以任何方式授意、指使、强令会计机构、会计人员伪造、变造会计凭证、会计账簿和其他会计资料,提供虚假财务会计报告。

任何单位或者个人不得对依法履行职责、抵制违反本法规定行为的会计人员实行打击报复。

第六条 对认真执行本法,忠于职守,坚持原则,做出显著成绩的会计人员,给予精神的或者物质的奖励。

第七条 国务院财政部门主管全国的会计工作。

县级以上地方各级人民政府财政部门管理本行政区域内的会计工作。

第八条 国家实行统一的会计制度。国家统一的会计制度由国务院财政部门根据本法制定并公布。

国务院有关部门可以依照本法和国家统一的会计制度制定对会计核算和会计监督有特殊要求的行业实施国家统一的会计制度的具体办法或者补充规定,报国务院财政部门审核批准。

中国人民解放军总后勤部可以依照本法和国家统一的会计制度制定军队实施国家统一的会计制度的具体办法,报国务院财政部门备案。

第二章 会计核算

第九条 各单位必须根据实际发生的经济业务事项进行会计核算,填制会计凭证,登记会计账簿,编制财务会计报告。

任何单位不得以虚假的经济业务事项或者资料进行会计核算。

第十条　下列经济业务事项,应当办理会计手续,进行会计核算:

(一)款项和有价证券的收付;

(二)财物的收发、增减和使用;

(三)债权债务的发生和结算;

(四)资本、基金的增减;

(五)收入、支出、费用、成本的计算;

(六)财务成果的计算和处理;

(七)需要办理会计手续、进行会计核算的其他事项。

第十一条　会计年度自公历1月1日起至12月31日止。

第十二条　会计核算以人民币为记账本位币。

业务收支以人民币以外的货币为主的单位,可以选定其中一种货币作为记账本位币,但是编报的财务会计报告应当折算为人民币。

第十三条　会计凭证、会计账簿、财务会计报告和其他会计资料,必须符合国家统一的会计制度的规定。

使用电子计算机进行会计核算的,其软件及其生成的会计凭证、会计账簿、财务会计报告和其他会计资料,必须符合国家统一的会计制度的规定。

任何单位和个人不得伪造、变造会计凭证、会计账簿及其他会计资料,不得提供虚假的财务会计报告。

第十四条　会计凭证包括原始凭证和记账凭证。

办理本法第十条所列的经济业务事项,必须填制或取得原始凭证并及时送交会计机构。

会计机构、会计人员必须按照国家统一的会计制度的规定对原始凭证进行审核,对不真实、不合法的原始凭证有权不予接受,并向单位负责人报告;对记载不准确、不完整的原始凭证予以退回,并要求按照国家统一的会计制度的规定更正、补充。

原始凭证记载的各项内容均不得涂改;原始凭证有错误的,应当由出具单位重开或者更正,更正处应当加盖出具单位印章。原始凭证金额有错误的,应当由出具单位重开,不得在原始凭证上更正。

记账凭证应当根据经过审核的原始凭证及有关资料编制。

第十五条　会计账簿登记,必须以经过审核的会计凭证为依据,并符合有关法律、行政法规和国家统一的会计制度的规定。会计账簿包括总账、明细账、日记账和其他辅助性账簿。

会计账簿应当按照连续编号的页码顺序登记。会计账簿记录发生错误或者隔页、缺号、跳行的,应当按照国家统一的会计制度规定的方法更正,并由会计人员和会计机构负责人(会计主管人员)在更正处盖章。

使用电子计算机进行会计核算的,其会计账簿的登记、更正,应当符合国家统一的会计制度的规定。

第十六条　各单位发生的各项经济业务事项应当在依法设置的会计账簿上统一登记、

核算,不得违反本法和国家统一的会计制度的规定私设会计账簿登记、核算。

第十七条 各单位应当定期将会计账簿记录与实物、款项及有关资料相互核对,保证会计账簿记录与实物及款项的实有数额相符、会计账簿记录与会计凭证的有关内容相符、会计账簿之间相对应的记录相符、会计账簿记录与会计报表的有关内容相符。

第十八条 各单位采用的会计处理方法,前后各期应当一致,不得随意变更;确有必要变更的,应当按照国家统一的会计制度的规定变更,并将变更的原因、情况及影响在财务会计报告中说明。

第十九条 单位提供的担保、未决诉讼等或有事项,应当按照国家统一的会计制度的规定,在财务会计报告中予以说明。

第二十条 财务会计报告应当根据经过审核的会计账簿记录和有关资料编制,并符合本法和国家统一的会计制度关于财务会计报告的编制要求、提供对象和提供期限的规定;其他法律、行政法规另有规定的,从其规定。

财务会计报告由会计报表、会计报表附注和财务情况说明书组成。向不同的会计资料使用者提供的财务会计报告,其编制依据应当一致。有关法律、行政法规规定会计报表、会计报表附注和财务情况说明书须经注册会计师审计的,注册会计师及其所在的会计师事务所出具的审计报告应当随同财务会计报告一并提供。

第二十一条 财务会计报告应当由单位负责人和主管会计工作的负责人、会计机构负责人(会计主管人员)签名并盖章;设置总会计师的单位,还须由总会计师签名并盖章。

单位负责人应当保证财务会计报告真实、完整。

第二十二条 会计记录的文字应当使用中文。在民族自治地方,会计记录可以同时使用当地通用的一种民族文字。在中华人民共和国境内的外商投资企业、外国企业和其他外国组织的会计记录可以同时使用一种外国文字。

第二十三条 各单位对会计凭证、会计账簿、财务会计报告和其他会计资料应当建立档案,妥善保管。会计档案的保管期限和销毁办法,由国务院财政部门会同有关部门制定。

第三章 公司、企业会计核算的特别规定

第二十四条 公司、企业进行会计核算,除应当遵守本法第二章的规定外,还应当遵守本章规定。

第二十五条 公司、企业必须根据实际发生的经济业务事项,按照国家统一的会计制度的规定确认、计量和记录资产、负债、所有者权益、收入、费用、成本和利润。

第二十六条 公司、企业进行会计核算不得有下列行为:

(一)随意改变资产、负债、所有者权益的确认标准或者计量方法,虚列、多列、不列或者少列资产、负债、所有者权益;

(二)虚列或者隐瞒收入,推迟或者提前确认收入;

(三)随意改变费用、成本的确认标准或者计量方法,虚列、多列、不列或者少列费用、成本;

(四)随意调整利润的计算、分配方法,编造虚假利润或者隐瞒利润;

(五)违反国家统一的会计制度规定的其他行为。

第四章　会计监督

第二十七条　各单位应当建立、健全本单位内部会计监督制度。单位内部会计监督制度应当符合下列要求：

（一）记账人员与经济业务事项和会计事项的审批人员、经办人员、财物保管人员的职责权限应当明确，并相互分离、相互制约；

（二）重大对外投资、资产处置、资金调度和其他重要经济业务事项的决策和执行的相互监督、相互制约程序应当明确；

（三）财产清查的范围、期限和组织程序应当明确；

（四）对会计资料定期进行内部审计的办法和程序应当明确。

第二十八条　单位负责人应当保证会计机构、会计人员依法履行职责，不得授意、指使、强令会计机构、会计人员违法办理会计事项。

会计机构、会计人员对违反本法和国家统一的会计制度规定的会计事项，有权拒绝办理或者按照职权予以纠正。

第二十九条　会计机构、会计人员发现会计账簿记录与实物、款项及有关资料不相符的，按照国家统一的会计制度的规定有权自行处理的，应当及时处理；无权处理的，应当立即向单位负责人报告，请求查明原因，作出处理。

第三十条　任何单位和个人对违反本法和国家统一的会计制度规定的行为，有权检举。收到检举的部门有权处理的，应当依法按照职责分工及时处理；无权处理的，应当及时移送有权处理的部门处理。收到检举的部门、负责处理的部门应当为检举人保密，不得将检举人姓名和检举材料转给被检举单位和被检举人个人。

第三十一条　有关法律、行政法规规定，须经注册会计师进行审计的单位，应当向受委托的会计师事务所如实提供会计凭证、会计账簿、财务会计报告和其他会计资料以及有关情况。

任何单位或者个人不得以任何方式要求或者示意注册会计师及其所在的会计师事务所出具不实或者不当的审计报告。

财政部门有权对会计师事务所出具审计报告的程序和内容进行监督。

第三十二条　财政部门对各单位的下列情况实施监督：

（一）是否依法设置会计账簿；

（二）会计凭证、会计账簿、财务会计报告和其他会计资料是否真实、完整；

（三）会计核算是否符合本法和国家统一的会计制度的规定；

（四）从事会计工作的人员是否具备从业资格。

在对前款第（二）项所列事项实施监督，发现重大违法嫌疑时，国务院财政部门及其派出机构可以向与被监督单位有经济业务往来的单位和被监督单位开立账户的金融机构查询有关情况，有关单位和金融机构应当给予支持。

第三十三条　财政、审计、税务、人民银行、证券监管、保险监管等部门应当依照有关法律、行政法规规定的职责，对有关单位的会计资料实施监督检查。

前款所列监督检查部门对有关单位的会计资料依法实施监督检查后，应当出具检查结论。有关监督检查部门已经作出的检查结论能够满足其他监督检查部门履行本部门职责需要的,其他监督检查部门应当加以利用,避免重复查账。

第三十四条　依法对有关单位的会计资料实施监督检查的部门及其工作人员对在监督检查中知悉的国家秘密和商业秘密负有保密义务。

第三十五条　各单位必须依照有关法律、行政法规的规定,接受有关监督检查部门依法实施的监督检查,如实提供会计凭证、会计账簿、财务会计报告和其他会计资料以及有关情况,不得拒绝、隐匿、谎报。

第五章　会计机构和会计人员

第三十六条　各单位应当根据会计业务的需要,设置会计机构,或者在有关机构中设置会计人员并指定会计主管人员;不具备设置条件的,应当委托经批准设立从事会计代理记账业务的中介机构代理记账。

国有的和国有资产占控股地位或者主导地位的大、中型企业必须设置总会计师。总会计师的任职资格、任免程序、职责权限由国务院规定。

第三十七条　会计机构内部应当建立稽核制度。

出纳人员不得兼任稽核、会计档案保管和收入、支出、费用、债权债务账目的登记工作。

第三十八条　从事会计工作的人员,必须取得会计从业资格证书。

担任单位会计机构负责人(会计主管人员)的,除取得会计从业资格证书外,还应当具备会计师以上专业技术职务资格或者从事会计工作三年以上经历。

会计人员从业资格管理办法由国务院财政部门规定。

第三十九条　会计人员应当遵守职业道德,提高业务素质。对会计人员的教育和培训工作应当加强。

第四十条　因有提供虚假财务会计报告,做假账,隐匿或者故意销毁会计凭证、会计账簿、财务会计报告,贪污,挪用公款,职务侵占等与会计职务有关的违法行为被依法追究刑事责任的人员,不得取得或者重新取得会计从业资格证书。

除前款规定的人员外,因违法违纪行为被吊销会计从业资格证书的人员,自被吊销会计从业资格证书之日起五年内,不得重新取得会计从业资格证书。

第四十一条　会计人员调动工作或者离职,必须与接管人员办清交接手续。

一般会计人员办理交接手续,由会计机构负责人(会计主管人员)监交;会计机构负责人(会计主管人员)办理交接手续,由单位负责人监交,必要时主管单位可以派人会同监交。

第六章　法律责任

第四十二条　违反本法规定,有下列行为之一的,由县级以上人民政府财政部门责令限期改正,可以对单位并处三千元以上五万元以下的罚款;对其直接负责的主管人员和其他直接责任人员,可以处二千元以上二万元以下的罚款;属于国家工作人员的,还应当由其所在单位或者有关单位依法给予行政处分:

(一)不依法设置会计账簿的;

（二）私设会计账簿的；

（三）未按照规定填制、取得原始凭证或者填制、取得的原始凭证不符合规定的；

（四）以未经审核的会计凭证为依据登记会计账簿或者登记会计账簿不符合规定的；

（五）随意变更会计处理方法的；

（六）向不同的会计资料使用者提供的财务会计报告编制依据不一致的；

（七）未按照规定使用会计记录文字或者记账本位币的；

（八）未按照规定保管会计资料，致使会计资料毁损、灭失的；

（九）未按照规定建立并实施单位内部会计监督制度或者拒绝依法实施的监督或者不如实提供有关会计资料及有关情况的；

（十）任用会计人员不符合本法规定的。

有前款所列行为之一，构成犯罪的，依法追究刑事责任。

会计人员有第一款所列行为之一，情节严重的，由县级以上人民政府财政部门吊销会计从业资格证书。

有关法律对第一款所列行为的处罚另有规定的，依照有关法律的规定办理。

第四十三条　伪造、变造会计凭证、会计账簿，编制虚假财务会计报告，构成犯罪的，依法追究刑事责任。

有前款行为，尚不构成犯罪的，由县级以上人民政府财政部门予以通报，可以对单位并处五千元以上十万元以下的罚款；对其直接负责的主管人员和其他直接责任人员，可以处三千元以上五万元以下的罚款；属于国家工作人员的，还应当由其所在单位或者有关单位依法给予撤职直至开除的行政处分；对其中的会计人员，并由县级以上人民政府财政部门吊销会计从业资格证书。

第四十四条　隐匿或者故意销毁依法应当保存的会计凭证、会计账簿、财务会计报告，构成犯罪的，依法追究刑事责任。

有前款行为，尚不构成犯罪的，由县级以上人民政府财政部门予以通报，可以对单位并处五千元以上十万元以下的罚款；对其直接负责的主管人员和其他直接责任人员，可以处三千元以上五万元以下的罚款；属于国家工作人员的，还应当由其所在单位或者有关单位依法给予撤职直至开除的行政处分；对其中的会计人员，并由县级以上人民政府财政部门吊销会计从业资格证书。

第四十五条　授意、指使、强令会计机构、会计人员及其他人员伪造、变造会计凭证、会计账簿，编制虚假财务会计报告或者隐匿、故意销毁依法应当保存的会计凭证、会计账簿、财务会计报告，构成犯罪的，依法追究刑事责任；尚不构成犯罪的，可以处五千元以上五万元以下的罚款；属于国家工作人员的，还应当由其所在单位或者有关单位依法给予降级、撤职、开除的行政处分。

第四十六条　单位负责人对依法履行职责、抵制违反本法规定行为的会计人员以降级、撤职、调离工作岗位、解聘或者开除等方式实行打击报复，构成犯罪的，依法追究刑事责任；尚不构成犯罪的，由其所在单位或者有关单位依法给予行政处分。对受打击报复的会计人员，应当恢复其名誉和原有职务、级别。

第四十七条　财政部门及有关行政部门的工作人员在实施监督管理中滥用职权、玩忽职守、徇私舞弊或者泄露国家秘密、商业秘密，构成犯罪的，依法追究刑事责任；尚不构成犯罪的,依法给予行政处分。

第四十八条　违反本法第三十条规定,将检举人姓名和检举材料转给被检举单位和被检举人个人的,由所在单位或者有关单位依法给予行政处分。

第四十九条　违反本法规定,同时违反其他法律规定的,由有关部门在各自职权范围内依法进行处罚。

第七章　附　则

第五十条　本法下列用语的含义:

单位负责人,是指单位法定代表人或者法律、行政法规规定代表单位行使职权的主要负责人。

国家统一的会计制度,是指国务院财政部门根据本法制定的关于会计核算、会计监督、会计机构和会计人员以及会计工作管理的制度。

第五十一条　个体工商户会计管理的具体办法,由国务院财政部门根据本法的原则另行规定。

第五十二条　本法自 2000 年 7 月 1 日起施行。

附录 B

会计从业资格管理办法 ≫ ≫ ≫ ≫

第一章 总 则

第一条 为了加强会计从业资格管理,规范会计人员行为,根据《中华人民共和国会计法》(以下简称《会计法》)及相关法律的规定,制定本办法。

第二条 申请取得会计从业资格证书适用本办法。

在国家机关、社会团体、公司、企业、事业单位和其他组织(以下统称单位)从事下列会计工作的人员必须取得会计从业资格:

(一)会计机构负责人(会计主管人员);

(二)出纳;

(三)稽核;

(四)资本、基金核算;

(五)收入、支出、债权债务核算;

(六)工资、成本费用、财务成果核算;

(七)财产物资的收发、增减核算;

(八)总账;

(九)财务会计报告编制;

(十)会计机构内会计档案管理。

第三条 各单位不得任用(聘用)不具备会计从业资格的人员从事会计工作。

不具备会计从业资格的人员,不得从事会计工作,不得参加会计专业技术资格考试或评审、会计专业职务的聘任,不得申请取得会计人员荣誉证书。

第四条 除本办法另有规定外,县级以上地方人民政府财政部门负责本行政区域内的会计从业资格管理。

第五条 财政部委托中共中央直属机关事务管理局、国务院机关事务管理局按照各自权限分别负责中央在京单位的会计从业资格的管理。

新疆生产建设兵团财务局负责所属单位的会计从业资格的管理。

财政部委托铁道部负责铁路系统的会计从业资格的管理。

第六条 财政部委托中国人民武装警察部队后勤部和中国人民解放军总后勤部分别负责中国人民武装警察部队、中国人民解放军系统的会计从业资格的管理。

第二章 会计从业资格的取得

第七条 国家实行会计从业资格考试制度。

第八条 申请参加会计从业资格考试的人员,应当符合下列基本条件:

(一)遵守会计和其他财经法律、法规;

(二)具备良好的道德品质;

(三)具备会计专业基础知识和技能。

因有《会计法》第四十二条、第四十三条、第四十四条所列违法情形,被依法吊销会计从业资格证书的人员,自被吊销之日起 5 年内(含 5 年)不得参加会计从业资格考试,不得重新取得会计从业资格证书。

因有提供虚假财务会计报告,做假账,隐匿或者故意销毁会计凭证、会计账簿、财务会计报告,贪污、挪用公款,职务侵占等与会计职务有关的违法行为,被依法追究刑事责任的人员,不得参加会计从业资格考试,不得取得或者重新取得会计从业资格证书。

第九条 会计从业资格考试科目为:财经法规与会计职业道德、会计基础、初级会计电算化(或者珠算五级)。

会计从业资格考试大纲由财政部统一制定并公布。

第十条 申请人符合本办法第八条规定且具备国家教育行政主管部门认可的中专以上(含中专,下同)会计类专业学历(或学位)的,自毕业之日起 2 年内(含 2 年),免试会计基础、初级会计电算化(或者珠算五级)。

前款所称会计类专业包括:

(一)会计学;

(二)会计电算化;

(三)注册会计师专门化;

(四)审计学;

(五)财务管理;

(六)理财学。

第十一条 省、自治区、直辖市、计划单列市财政厅(局),新疆生产建设兵团财务局,中共中央直属机关事务管理局、国务院机关事务管理局、铁道部、中国人民武装警察部队后勤部和中国人民解放军总后勤部(以下简称中央主管单位),按照本办法第四条、第五条、第六条规定的管理范围负责组织实施会计从业资格考试的下列事项:

(一)制定会计从业资格考试考务规则;

(二)组织会计从业资格考试命题;

(三)实施考试考务工作;

(四)监督检查会计从业资格考试考风、考纪。

省、自治区、直辖市、计划单列市财政厅(局),新疆生产建设兵团财务局和中央主管单位应当公布会计从业资格考试的报名条件、报考办法、考试科目、考务规则及考试相关要求,并将会计从业资格考试试题于考试结束后 30 日内报财政部备案。

第十二条 会计从业资格考试收费标准按照国家物价管理部门的有关规定执行。

第十三条　会计从业资格考试全科合格的申请人,可以向会计从业资格考试所在地的县级以上地方财政部门、新疆生产建设兵团财务局和中央主管单位(以下简称"会计从业资格管理机构")申请会计从业资格证书。县级以上地方财政部门会计从业资格证书的颁发权限由各省、自治区、直辖市、计划单列市财政部门确定。

申请会计从业资格证书时,应当填写《会计从业资格证书申请表》,并持下列材料:

(一)考试成绩合格证明;

(二)有效身份证件原件;

(三)近期同一底片一寸免冠证件照两张。

符合本办法第十条规定条件,且财经法规与会计职业道德考试成绩合格的申请人,还需持学历或学位证书原件(香港特别行政区、澳门特别行政区、台湾地区居民及外国居民的学历或学位须经中华人民共和国教育行政主管部门认可)。

第十四条　申请人可以通过委托代理人申请会计从业资格证书。

申请人应当对其申请材料实质内容的真实性负责。

第十五条　申请人的申请材料齐全、符合规定形式的,会计从业资格管理机构应当当场受理;申请材料不齐全或者不符合规定形式的,会计从业资格管理机构应当当场或者5日内一次告知申请人需要补正的全部内容,逾期不告知的,自收到申请材料之日起即为受理。

会计从业资格管理机构受理或者不予受理会计从业资格证书申请,应当出具书面证明,同时注明日期,并加盖本机构专用印章。

第十六条　会计从业资格管理机构能够当场做出决定的,应当当场做出颁发会计从业资格证书的书面决定;不能当场做出决定的,应当自受理之日起20日内对申请人提交的申请材料进行审查,并做出是否颁发会计从业资格证书的决定;20日内不能做出决定的,经会计从业资格管理机构负责人批准,可以延长10日,并应当将延长期限的理由告知申请人。

第十七条　会计从业资格管理机构做出准予颁发会计从业资格证书的决定,应当自做出决定之日起10日内向申请人颁发会计从业资格证书。

会计从业资格管理机构做出不予颁发会计从业资格证书的决定,应当说明理由,并告知申请人享有依法申请行政复议或者提起行政诉讼的权利。

第十八条　财政部统一规定会计从业资格证书样式和编号规则。

省、自治区、直辖市、计划单列市财政厅(局)和新疆生产建设兵团财务局、中央主管单位负责会计从业资格证书的印制、编号和颁发,并于年度终了后30日内将上年度会计从业资格证书颁发情况报财政部备案。

第十九条　会计从业资格证书是具备会计从业资格的证明文件,在全国范围内有效。持有会计从业资格证书的人员(以下简称"持证人员")不得涂改、转让会计从业资格证书。

第三章　会计从业资格管理

第二十条　持证人员应当接受继续教育,提高业务素质和会计职业道德水平。

持证人员每年参加继续教育不得少于24小时。

第二十一条　财政部负责制定并公布持证人员继续教育大纲。

省、自治区、直辖市、计划单列市财政厅(局)和新疆生产建设兵团财务局、中央主管单位负责制定持证人员继续教育培训规划并组织实施。

第二十二条 会计从业资格管理机构应当加强对持证人员继续教育工作的监督、指导。

各单位应鼓励持证人员参加继续教育,保证学习时间,提供必要的学习条件。

第二十三条 会计从业资格证书实行注册登记制度。

持证人员从事会计工作,应当自从事会计工作之日起 90 日内,填写注册登记表,并持会计从业资格证书和所在单位出具的从事会计工作的证明,向单位所在地或所属部门、系统的会计从业资格管理机构办理注册登记。持证人员离开会计工作岗位超过 6 个月的,应当填写注册登记表,并持会计从业资格证书,向原注册登记的会计从业资格管理机构备案。

第二十四条 持证人员在同一会计从业资格管理机构管辖范围内调转工作单位,且继续从事会计工作的,应当自离开原工作单位之日起 90 日内,填写调转登记表,持会计从业资格证书及调入单位开具的从事会计工作的证明,办理调转登记。

持证人员在不同会计从业资格管理机构管辖范围调转工作单位,且继续从事会计工作的,应当填写调转登记表,持会计从业资格证书,及时向原注册登记的会计从业资格管理机构办理调出手续;并自办理调出手续之日起 90 日内,持会计从业资格证书、调转登记表和调入单位开具的从事会计工作证明,向调入单位所在地区的会计从业资格管理机构办理调入手续。

第二十五条 会计从业资格管理机构应当建立持证人员从业档案信息系统,及时记载、更新持证人员下列信息:

(一)持证人员相关基础信息和注册、变更、调转登记情况;

(二)持证人员从事会计工作情况;

(三)持证人员接受继续教育情况;

(四)持证人员受到表彰奖励情况;

(五)持证人员因违反会计法律、法规、规章和会计职业道德被处罚情况。

持证人员的学历或学位、会计专业技术职务资格以及前款第(一)至第(五)项内容发生变更的,可以持相关有效证明和会计从业资格证书,向所属会计从业资格管理机构办理从业档案信息变更。

第二十六条 会计从业资格管理机构应当将申请会计从业资格证书和办理会计从业资格证书注册、变更、调转登记的条件、程序、期限以及需要提交的材料和相关申请登记表格示范文本等在办公场所公示。相关申请登记表格应当置放于会计从业资格管理机构办公场所,免费提供。申请人也可以从会计从业资格管理机构指定网站下载。

第二十七条 会计从业资格管理机构应当对下列情况实施监督检查:

(一)从事会计工作的人员持有会计从业资格证书并注册登记情况;

(二)持证人员从事会计工作和执行国家统一的会计制度情况;

(三)持证人员遵守会计职业道德情况;

(四)持证人员接受继续教育情况。

会计从业资格管理机构在实施监督检查时,持证人员应当如实提供有关情况和材料,各有关单位应当予以配合。

第二十八条 会计从业资格管理机构应当对开展会计人员继续教育培训单位进行监

督和指导,规范培训市场,确保培训质量。

第二十九条　单位和个人对违反本办法规定的行为有权检举,会计从业资格管理机构应当及时核实、处理,并为检举人保密。

第四章　法律责任

第三十条　参加会计从业资格考试舞弊的,由会计从业资格管理机构取消其该科目的考试成绩;情节严重的,取消其全部考试成绩。

第三十一条　用假学历、假证书等手段得以免试考试科目并取得会计从业资格证书的,由会计从业资格管理部门撤销其会计从业资格。

第三十二条　持证人员未按照本办法规定办理注册、调转登记的,会计从业资格管理机构责令其限期改正;逾期不改正的,予以公告。

第三十三条　持证人员有《会计法》第四十二条、第四十三条、第四十四条所列违法违纪情形之一,由会计从业资格管理机构按照《会计法》的规定予以处理并向社会公告。

第三十四条　会计从业资格管理机构发现单位任用(聘用)未经注册、调转登记的人员从事会计工作的,应责令其限期改正;逾期不改正的,予以公告。

单位任用(聘用)没有会计从业资格证书人员从事会计工作的,由会计从业资格管理机构依据《会计法》第四十二条的规定处理。

第三十五条　会计从业资格管理机构及其工作人员在实施会计从业资格管理中滥用职权、玩忽职守、徇私舞弊的,依法给予行政处分。

第三十六条　会计从业资格管理机构工作人员违反本办法第二十九条规定,将检举人姓名和检举材料转给被检举单位和被检举人个人的,由所在单位或者有关单位依法给予行政处分。

第五章　附　则

第三十七条　省、自治区、直辖市、计划单列市财政厅(局)、新疆生产建设兵团财务局和中央主管单位可以根据本办法制定具体实施办法,报财政部备案。

第三十八条　香港特别行政区、澳门特别行政区、台湾地区居民及外国居民申请取得会计从业资格证书,适用本办法。

第三十九条　农村集体经济组织会计从业资格的管理可参照本办法执行。

第四十条　本办法自 2005 年 3 月 1 日起施行。财政部 2000 年 5 月 8 日发布的《会计从业资格管理办法》(财会字[2000]5 号)、2000 年 9 月 13 日发布的《〈会计从业资格管理办法〉若干问题解答(一)》(财会[2000]13 号)、2002 年 7 月 25 日发布的《〈会计从业资格管理办法〉若干问题解答(二)》(财办会[2002]28 号)同时废止。

法律性质:

《会计从业资格管理办法》是国务院财政部于 2005 年 1 月 22 日以财政部第 26 号部长令的形式发布的,属于国家统一的会计制度。在法律效力上仅次于《会计法》和会计行政法规。

参考文献

[1]中华人民共和国会计法.北京:法律出版社,1999.

[2]企业会计准则.北京:中国财政经济出版社,2006.

[3]新编会计从业资格考试培训教材.会计基础.北京:中国财政经济出版社,2009.

[4]李芳,余春忠.基础会计.北京:北京交通大学出版社,2009.

[5]王珏慧,王桂芬.基础会计与实务.北京:北京交通大学出版社,2009.

[6]谢爱萍.会计学基础.北京:人民邮电出版社,2006.

[7]吉文丽,陆红霞.会计基础与实训.北京:清华大学出版社,2008.

图书在版编目（CIP）数据

新编会计学基础 / 宋彩群主编. —杭州：浙江大学出版社，2010.9（2020.7 重印）

ISBN 978-7-308-07957-0

Ⅰ.①新… Ⅱ.①宋… Ⅲ.①会计学—教材 Ⅳ.①F230

中国版本图书馆 CIP 数据核字（2010）第 174947 号

新编会计学基础

宋彩群　主编

责任编辑	周卫群
封面设计	联合视务
出版发行	浙江大学出版社
	（杭州市天目山路 148 号　邮政编码 310007）
	（网址：http://www.zjupress.com）
排　　版	杭州中大图文设计有限公司
印　　刷	杭州杭新印务有限公司
开　　本	787mm×1092mm　1/16
印　　张	11
字　　数	268 千
版 印 次	2010 年 9 月第 1 版　2020 年 7 月第 8 次印刷
书　　号	ISBN 978-7-308-07957-0
定　　价	20.00 元